토기장이

"우리는 진흙이요 주는 토기장이시니
우리는 다 주의 손으로 지으신 것이라"(이사야 64:8)

두려움 없이 살아가기

Fear Not
by Carter Conlon

All rights reserved.
Published by Regal Books A division of Gospel Light
Ventura, California, U.S.A.

Korean translation copyright © 2012 by Togijangi Publishing House
Togijangi B/D 3F, Mangwonro 26, Mapogu, Seoul, Korea

This Korean edition is published by arrangement with Gospel Light
(P.O Box 3875, Ventura, California, U.S.A.)

본 저작물의 한국어판 저작권은 Gospel Light와 독점 계약한 '도서출판 토기장이'에 있습니다. 저작권법에 의하여 한국 내에서 보호를 받는 저작물이므로 무단 전재와 무단 복제를 금합니다.

특별한 표기가 없는 모든 성경 구절은 개역개정성경을 인용한 것입니다.

두려움 없이 살아가기

카터 콜론 지음 · 김성녀 옮김

토기장이

카터 콜론 목사는 15세부터 9년간 심각한 공황장애를 겪었던 사람이다. 그는 한때 두려움 자체를 두려워하는 중증 공포증 환자였다. 그러나 지금은 완전한 자유를 얻게 되었다. 두려움이 사라진 것이 아니라, 두려움의 공격을 어떻게 이겨낼 수 있는지를 터득했기 때문이다. 때문에 이 책은 우리 모두에게 아주 실제적인 도움이 된다.

그는 두려움의 속삭임을 믿고 살다가 어느 날부터 하나님의 말씀을 믿게 되었다. 그리고 두려움에 승부수를 던지게 된다. 자신이 가장 두려워하는 상황, 죽음의 상황이 올지라도 주님을 믿고 천국에 가는 자신이 승자임을 선언해 버린 것이다! 두려움이라는 골리앗 앞에서 도망치지 않고 정면대결을 한 결과, 그는 두려움에 대한 승리의 여정을 시작하게 되었다.

결국 두려움을 넘어서는 핵심은 진실을 믿느냐 거짓을 믿느냐의 문제다. 나도 「두려움 너머의 삶」에서 동일하게 강조한 부분이 이것이다. 두려움이라는 거짓에 사로잡히면 부정적 강화, 즉 정신적 악순환만 일어난다. 그러나 하나님의 진리의 말씀을 믿으면 놀랍게도 인지행동치료의 핵심인, 사실에 기초한 인지적 변화로 인해 정서적 변화와 삶의 변화에 이르게 된다.

결국 두려움은 이기려고 애쓴다고 이겨지는 것이 아니라, 하나님이 어떤 분인지 제대로 알게 되고 하나님의 말씀이 얼마나 능력이 있는지 제대로 알게 되면 자연스럽게 이겨지는 것이다. 물론 우리를 압도하는 삶의 문제들과 상황들은 여전하다. 그러나 그 모든 것들 위에 계시고 그 모든 것들을 넉넉히 압도하시는 하나님의 능력과 지혜와 사랑을 깨닫고 체험함이 우선이다. 그런 점에서 카터 콜론 목사의 책 「두려움 없이 살아가기」는 큰 도움이 된다. 이론적인 설득을 하거나 심리학적인 위로를 하려 하지 않고, 저자 자신이 성령 충만한 목회자로 목회현장과 선교현장에서 극한 두려움의 상황을 뛰어넘는 체험들을 근거로 이 책을 썼기 때문이다. 그래서 그의 목소리에는 반전을 체험한 사람만이 들려줄 수 있는 감격이 있다.

카터 콜론 목사는 두려움이 우리를 지배하려고 할 때, 멈춰 서라고 말한다. 그 흐름에 자신이 떠내려 가도록 내버려 두지 말라는 말이다. 하나님을 주목하고, 말씀과 기도로 충전하고, 다시 내면적 흐름과 영적 흐름의 주도권을 잡으라고 권면한다. 두려움이라는 파도는 언제든지 몰려올 것이다. 그러나 방법을 터득한 사람은 그 파도를 넉넉히 탈 수 있다.
오늘도 현실의 장벽과 영적인 씨름으로 지쳐있는 그대여, 힘을 내라. 「두려움 없이 살아가기」를 읽어 보라. 두려움에 압도되었던 인생이 두려움을 압도하는 인생으로 변화될 것이다.

이상준 양재온누리교회 담당목사, 「두려움 너머의 삶」, 「신의 언어」 저자

주변을 보면 우리를 두려움으로 몰아넣는 많은 것들이 있다. 한치 앞을 알 수 없는 미래, 내 힘으로는 불가능한 일들 앞에서 우리는 두려워한다. 두려움은 우리에게 매우 익숙한 무언가이다. 성경의 많은 인물들도 두려움 가운데 있었다. 태초의 인간인 아담도, 믿음의 조상 아브라함도…. 하나님은 두려움 가운데 있던 이들에게, 그리고 지금 우리에게 두려워하지 말라고 성경 곳곳에서 말씀하신다.
카터 콜론 목사는 그리스도인들이 두려움을 어떻게 이겨나갈 수 있는지 분명하게 말하고 있다. 그의 글에 힘이 있는 이유는 본인이 두려움을 극복한 경험이 있기 때문이다. 그는 자신이 복음을 통해 어떻게 두려움을 극복할 수 있었는지 힘있게 간증한다. 그리고 그 경험을 바탕으로 두려움을 돌파하는 능력에 대해 이야기하고 있다. 나 역시 카터 콜론 목사처럼 공황장애를 경험한 바 있다. 알 수 없는 두려움으로 인해 힘든 시간을 보냈지만 이제는 더 이상 두려움에 내 삶을 내어 주지 않는다. 이 책에서 말하는 하나님이 주시는 사랑과 확신, 그리고 '살리는 영'을 경험했기 때문이다. 이 책을 통해 두려움을 능히 이기도록 우리에게 새 힘을 주시는 하나님의 음성을 듣기를 바란다.

김병삼 만나교회 담임목사, 「치열한 순종」 저자

두려움에 대한 사변적 글쓰기였다면 이 책을 추천하지 않았을 것이다. 카터 콜론은 자신의 이야기를 성경의 이야기로 재해석하는 탁월한 설교자다. 그는 15세 때 공황장애를 앓았고, 고3 때는 수업 중에 쓰러지기도 했으며, 알 수 없는 두려움에 유급당하고, 죽고 싶었으며, 오랫동안 수면제와 신경안정제를 복용해야만 했던 사람이었다. 그런 두려움의 실체를 아는 그가 두려움은 실체가 아니라고 선언할 수 있었던 것은 삶의 내공이 숨어 있기 때문이다. 저자는 통제되지 않는 인생의 다양한 두려움의 얼굴과 직면하면서 그 두려움을 두려워하며 살아가는 현대인들에게 두려움과 믿음이 동행함을 직면케 한다. 이 책은 읽는 동안 친절한 상담을 받는 듯한 느낌을 준다. 하지만 이 상담가는 분명하고 선명한 논지로 격려하고, 더 나아가 두려움을 이길 하늘의 힘을 제공한다. '사방으로 환난을 당하여 밖으로는 다툼이요 안으로는 두려움뿐인'(고후 7:5) 이들에게 이 책을 권한다. 이 책을 펴는 이들에게 두려움이 주는 잘못된 이미지로부터 하나님의 샬롬의 이미지로 돌이켜 삶 속의 두려움을 대할 용기를 갖게 할 것을 확신한다.

김상권 남양주평화교회 담임목사, 「청년 설교」 저자

나는 막 직장에 들어가 꿈을 펼치던 28세 때 갑작스러운 사고로 팔을 제외한 전신마비 진단을 받게 되었다. 그 후 가족 없이는 단 한 순간도 버틸 수 없었던 투병 기간이 이어졌지만, 가족과 친지들의 기도의 힘으로 회복의 소망을 가지고 재활을 이어 나갔다. 그러다 지독한 신우신염에 걸려 아무리 강한 항생제를 투여해도 5일 동안 열이 40도 이하로 떨어지지 않은 적이 있다. 1시간 동안 하염없이 눈물을 흘렸던 것 같다. 내 인생에서 가장 두려움에 떨던 순간이었다. 마비상태로 나이가 들어 혼자 남겨진 '나'를 상상하며 알 수 없는 두려움의 터널 속으로 빠져들어 간 것이다. 그러던 중, 갑자기 예수님의 십자가가 떠올랐다. "이 상황에서 십자가가

제게 무슨 소용이죠?"라고 하나님께 질문하자, 하나님은 죽을 수밖에 없는 죄인인 내가 예수님이 십자가에 못 박히심으로 모든 죄를 사함 받고 새 삶을 부여 받았음을 다시금 분명하게 깨닫게 해주셨다. '아, 내 인생이 내 것이 아니었구나. 예수님의 십자가 고통에 비하면 지금의 나의 아픔은 아무것도 아니구나!' 그분의 측량할 수 없는 사랑이 내 안에 가득해지자 두려움이 거짓말처럼 완전히 사라졌다.

카터 콜론 목사의 「두려움 없이 살아가기」 추천글을 부탁받고 읽어 나가는데 그때의 상황이 영상처럼 스쳐 지나갔다. 저자는 두려움은 실체가 아니며, 따라서 두려움에 사로잡히는 것은 우리가 사탄에게 속는 것이라고 이야기한다. 또한 그리스도인으로서 두려움을 완벽히 이겨낼 수 있는 방법을 본인의 경험과 성경말씀을 토대로 일목요연하고 이해하기 쉽게 풀어나간다. 혹시 지금 길고 긴 두려움의 터널을 지나가고 있다면, 이 책을 읽고 하나님이 주신 진리로 이겨낼 수 있으리라 확신한다.

박위 유튜브 채널 '위라클' 크리에이터

많은 심리학자들과 의료 전문가들은 '두려움'이야말로 가장 중대하고 심각한 질병이라고 규정한다. 두려움이 뿜어내는 에너지는 사람의 영적, 신체적, 그리고 심리적 건강에 해를 끼친다. 그리고 다양한 질병까지 유발할 수 있다. 만연한 두려움 때문에 많은 사람들이 자신들이 생각하는 정서적, 심리적 안전지대 안에 웅크리고 앉아 다음 재난이 올 때까지 속수무책으로 기다리기만 한다. 이것은 우리에게 만연한 현상이긴 하지만 하나님의 백성을 향한 그분의 계획은 절대로 아니다. 바울은 디모데후서 1장 7절에서 뚜렷한 목소리로 선포한다. "하나님이 우리에게 주신 것은 두려워하는 마음이 아니요 오직 능력과 사랑과 절제하는 마음이니."

요즘 출간된 많은 책들이 이 두려운 현실을 잊으라고, 다 잘될 거라고 부추기고 있다. 하지만 그건 궁극적인 답은 아니다. 이 책은 세상에서 벌어지는 모든 일들이 이미 하나님이 창조 전에 계획하신 일이라고 선포한다. 저명한 저술가이며 타임스퀘어교회 담임목사인 카터 콜론은 불안한 불확실성을 떨쳐 버리라고 그리스도인들에게 호소한다. 그래야 하나님이 보장하시는 확실한 약속 안에서 위로받으며 고요한 확신 가운데 살아갈 수 있기 때문이다. 하나님은 그분을 신뢰하는 자들을 끝까지 도우신다.

데이비드 윌커슨 목사는 1986년에 타임스퀘어 거리를 걸어가다가, 뉴욕시에서 사역하라는 하나님의 부르심에 순종해 타임스퀘어교회를 세웠다. 그 뒤 이 교회 강단에서는 매서운 선지자적 메시지가 늘 울려 퍼졌다. 윌커슨 목사의 후임인 콜론 목사도 그와 동일한 부르심을 신실하게 감당하고 있다. 오늘날 성경말씀의 순전함을 선포하는 선지자적 목소리를 듣는다는 게 얼마나 신선한 감동을 주는지 모른다.

카터 콜론 목사는 마치 설교하듯이 글을 쓴다. 단순 명료하고 요점이 분명해서 쓸데없는 말은 한 마디도 없다. 그는 성경의 진리대로 살아온 자신의 삶에서 우러나는 지혜로 오늘날의 경제적, 종교적, 정치적 상황을 두루 다룬다. 하나님의 말씀이 진리일지도 모른다는 식으로 두루뭉술하게 말하지 않고, 성경 말씀이야말로 우리의 삶을 지배하는 유일한 원리임을 당당하게 선포한다. 콜론 목사에게는 문화적 기준에 맞추는 것보다 진리가 항상 우위에 있다. 미국성서공회 American Bible Society의 회장인 나는 콜론 목사가 하나님의 말씀을 인격적으로 만나면서부터 두려움에서 믿음으로 나아가는 여정을 시작하게 되었다는 고백을 듣고 특별히 더 마음이 기뻤다. 하나님의 말씀을 새롭게 듣는 체험이야말로 하나님의 백성들의 영적 각성 운동에 핵심이 되기 때문이다.

이 책을 통해 콜론 목사는 우리 시대의 사회적, 경제적 위기가 액운이나 우연이 아님을 강조한다. 오히려 타락한 세상과 인간이 하나님을 의지하지 않은 채 세상 문제를 해결하려다 잘못된 판단을 한 데서 온 불가피한 결과라고 말한다. 타락한 세상을 바꾸는 해결책은 세상의 지혜에서 오지 않는다. 우리의 해결책은 하나님께 있다. 우리는 하나님을 가까이 하며 그분의 음성을 들어야 한다. 주님의 음성을 듣고도 순종하지 않는 것이 모든 두려움의 근원이다. 마가복음 4장 38절에서 예수님은 제자들의 두려움은 부족한 믿음에서 비롯된다고 말씀하셨다. 제자들은 배가 가라앉을까 봐 걱정이 되어 예수님께 물었다. "선생님이여 우리가 죽게 된 것을 돌보지 아니하시나이까?" 그러자 예수님이 대답하셨다. "어찌하여 이렇게 무서워하느냐, 너희가 어찌 믿음이 없느냐?" 우리의 상황을 정확히 진단하고 참된 변화를 이루려면 타락한 세상의 질서 밖에서 그 기준을 찾아야 한다. 이것이 유일한 소망이다. 콜론 목사는 하나님이 우리를 만날 준비를 하고 기다리신다고, 다가오는 폭풍우 속에서도 우리에게 평강과 소망을 주려고 기다리신다고 강조한다. 정말 안심이 된다.

라마르 베스트 미국성서공회 회장

나는 카터 콜론 목사를 오랫동안 알고 지내온 사람으로서, 그리스도를 향한 그의 뜨거운 심장과 소외되고 가난한 자들을 향한 사랑, 그리고 하나님의 말씀에 절대 타협하지 않는 강한 신념을 지켜 본 증인이다. 이 책을 읽으면 저자 자신이 그랬던 것처럼 누구나 하나님의 말씀에 근거하여 두려움을 극복할 용기를 얻을 것이다.

라비 재커라이어스 「위대한 장인」, 「하나님 앞에서 고통을 묻다」 저자

나는 카터 콜론 목사의 설교를 들을 기회가 여러 번 있었는데, 설교를 들을 때마다 마음에 깊이 와닿는 말씀에 늘 감명을 받았다. 그는 나의 사랑하는 친구이자 영적인 아버지인 데이비드 윌커슨 목사에게서 제자 훈련을 받았다. 카터 목사가 타임스퀘어교회에서 일군 성경 중심의 설교와 사역은 우리에게 든든한 유산이다. 이 유산에 감사하며 이 책을 추천한다.

니키 크루즈 니키크루즈선교회 대표

나는 뉴욕에 머무는 동안 타임스퀘어교회에서 예배를 드릴 수 있는 좋은 기회를 얻었다. 나는 예배 시간보다 훨씬 더 일찍 교회에 가야 했는데, 그 이유는 예배가 시작되기 한 시간 전에 이미 자리가 꽉 차기 때문이었다. 카터 콜론 목사의 설교를 한 번만 들어보면 왜 그런지 금방 이해가 간다. 이 교회에 대해서는 설명이 필요 없다. 뉴욕의 극장 지역 중심부에 위치한 이 교회에는 다양한 종교적, 민족적 배경을 가진 사람들이 찾아온다. 그들은 지구상에서 가장 강력한 찬양과 예배를 체험하고, 콜론 목사의 탄탄하고 성경적인 설교를 듣는다. 나도 예배에 참석할 때마다 늘 하나님의 축복을 경험했다. 이 책을 통해서 독자들도 많은 격려를 받을 것이다. 이 책을 읽다 보면 아마 타임스퀘어교회에서 콜론 목사의 설교를 직접 듣고 있는 듯한 착각에 빠질 것이다.

마이크 허커비 아칸소 주지사, 베스트셀러 작가

나는 오랫동안 타임스퀘어교회에 출석하며, 늘 하나님의 기름부으심이 있는 순전한 말씀을 들었다. 재난의 시대에 이 책을 통해 하나님의 음성이 뉴욕 시는 물론 그 너머까지 울려 퍼진다는 것은 정말 큰 기쁨이요, 깊은 위로를 준다.

에릭 메텍시스 「본 회퍼: 목사요 순교자요 선지자요 스파이」 저자

카터 콜론 목사는 이 책에서 우리의 병폐만 진단하는 게 아니라 그것을 훨씬 넘어서는 복음의 치유법을 제시한다. 예수님께로 완전히 돌아서라는 것이다. 이 책을 읽고 나면 우리 마음도 다시금 첫사랑으로 돌아가리라 믿는다.

개리 윌커슨 월드챌린지 대표

서문

나는 두려움을 거부한다

간호사는 혈압 측정기를 툭 떨어뜨리더니 병실에서 황급히 뛰어나갔다. 방금 급하게 실려 들어온 젊은이가 급성 뇌졸중이나 심장마비를 일으켜서 매우 위험한 상태라는 걸 알고는 겁이 난 게 분명했다. 그 환자에게는 확실히 문제가 있었지만, 원인은 신체적인 게 아니라 오히려 영적이고 정서적인 것에 있었다. 병실에 누워 있던 젊은이는 채 스무 살도 안 된 건강한 청년이었으나 두려움의 희생양이 되어 있었던 것이다.

나는 그 장면을 너무도 생생히 기억하고 있다. 그 청년은 바로 나였으니까. 내가 응급실에 간 건 그때가 처음이 아니었다. 과거에도 마찬가지 이유로 응급실에 실려 갔었다. 오늘날 우리는 이런 현상을 가리켜 공황장애라고 부른다. 이것은 내면에서 폭발이 일어나는 것으로서, 마치 컴퓨터가 과부하로 다운되는 것과 같은 이치다. 다만 그것이 인간의 몸을 강타한다는 게 다를 뿐이다. 아무 경고도 없이 사방의 벽이 조여 들어오는 것 같고, 마치 누가 모래 한 양동이를 내 머리 위에 쏟아부으면서 "네 상황은 영원히 절망적일 거야"라고 은밀히 선언하는 것만 같다. 귀에서는 계속 윙윙거리는 소리가 울리고, 심장은 당장에라도 밖으로 튀어나올 것 같다. 죽음이 코앞에 닥친 것만 같은 기분인 것이다.

나는 겨우 만 15세 때부터 이런 공황장애를 앓기 시작했다. 아마도 원인은 내 자신과 남들이 나에게 너무 높은 기대를 걸었기 때문인 것 같다. 나는 그 기대를 만족시킬 수 없다는 무력감에 시달렸다. 두려움은 아무 예고 없이 늘 나를 따라다니는 동반자였다.

수업을 받다가 쓰러진 건 고 3때가 처음이었다. 유급되어 다시 3학년 과정을 밟고 있었으니 절망감이 오죽했겠는가. 부모님은 나에게 최고만을 주고 싶어 하셨던 좋은 분들이었다. 두 분 다 전쟁과 그 후의 어려운 환경 때문에 교육을 제대로 못 받으셨기에 대신 나에게 많은 기대와 정성을 쏟아부으셨다. 결국 나는 대학 교육은 성공에 필수이며, 대학에 못 가면 실패자라는 부모님의 생각을 받아들였다. 문제라면 단 하나, 나는 늘 학교 다니는 게 싫었다는 점이다.

결국 나는 부모님을 기쁘게 해드리려고 대학에 갔다. 하지만 그즈음 나는 완전히 두려움에 사로잡혀 있었다. 일상적으로 수면제와 신경안정제를 복용했고, 수업에 들어갈 때는 너무 약에 취해서 마치 물속에 빠져 있는 느낌이었다. 학생 수가 적은 수업 시간은 내가 지목될 확률이 높았기 때문에 특히 더 끔찍했다. 교수님이 내 이름을 부르면 선택은 둘 중에 하나였다. 교실에서 도망치든가 두려움으로 기절하든가.

마침내 나는 두려움 자체를 두려워하는 지경이 되었다. 모든 사람의 시선이 나에게 꽂힐 때 내가 느끼는 당혹스러움을 보통 사람들은 아마 상상도 못할 것이다. 공황 상태가 시작되면 땀이 비 오듯 쏟아지면서 미친 듯이 두리번거리며 도망갈 길을 찾는다. 그래서 나는 두려움의 덫에 걸린다는 게 어떤 느낌인지 너무나 잘 안다.

다행히 두려움이 사라진 것 같은 때도 있었다. 벽이 없는 공간에 사람들과 함께 있을 때나 내가 신뢰하는 가족과 친구들 속에 있을 때처럼 편안한 시간도 종종 있었다. 하지만 대부분의 시간 동안 나는 내가 정말로 홀가분했던 적이 있기나 한지 의심스러웠고, 그렇게 일평생을 두려움에 휘둘리며 살아야 하는 운명인가 싶어 괴로웠다. 어떻게 해볼 도리가 없는 내 상황에 화가 났고, 슬프게도 그 화풀이는 나와 가장 가까운 사람들에게 돌아가곤 했다.

나는 1975년에 대학을 졸업하자마자 시 경찰국 직원이 되었다. 이때쯤 나는 두려움을 근본적으로 통제할 수 있는 한 가지 방법을 찾아냈다. 바로 내 육체를 거의 소진 상태가 될 때까지 움직이는 것이었다. 나는 매일 동네 헬스클럽에서 운동을 하고 밤에는 약 3킬로미터를 달렸다. 두려움에서 완전히 해방되지는 않았지만, 그렇게 체력을 소진하고 나면 좀 더 나를 통제할 수 있을 것만 같은 기분을 느꼈다. 그러면서 한편으로는 술을 꽤 많이 마시기 시작했고, 급기야 친구 몇 명이 나를 염려할 정도가 되었다. 사실 두려움은 절대로 우리를 놓아주지 않는다. 오히려 우리를 더 강하게 사로잡는다. 다만 우리의 노력이 두려움을 정복하고 있다는 환상만 심어 줄 뿐이다.

나는 1978년 초반부터 하나님에 대해 생각하기 시작했다. 그 시점까지는 영적인 것에 별로 관심이 없었기 때문에, 왜 그런 생각이 갑자기 내 머릿속에서 떠올랐는지는 나도 잘 모르겠다. 나중에 안 사실이지만, 어떤 여성도 세 분이 나를 위해 기도를 했다고 한다. 자신들이 잘 알지도 못하는 한 젊은 경찰관을 위해서 말이다. 나중에 그분들의 말을 자세히 들어보니, 주님께서 어떻게 내 인생을 사용하실 건지 그분들에게 말씀해 주셨다고 한다.

그 기도 덕분인지 어느 날 보니 내가 하나님께 말을 걸고 있었다. 대략 이런 식이었다.

"하나님, 만일 당신이 계신다면, 그리고 당신이 아예 범접조차 할 수 없는 그런 존재가 아니라면, 당신이 어떤 분인지 알고 싶어요."

기도라 하기도 뭐하지만, 하나님이 그 말을 들으셨다는 걸 지금은 안다.

여러 사건을 통해 한 크리스천 경찰관이 나에게 복음을 전했다. 그를 통해 나는 하나님이 그 아들 예수 그리스도를 이 세상에 보내셨고, 내가 저지른 모든 잘못에 대한 죗값을 치르도록 그 아들을 십자가에서 죽게 하셨다는 말을 생전 처음으로 들었다. 그가 전한 많은 이야기 중 잊지 못할 약속의 말씀이 있었다.

"그런즉 누구든지 그리스도 안에 있으면 새로운 피조물이라 이전 것은 지나갔으니 보라 새 것이 되었도다"고후 5:17.

이 약속이 얼마나 놀랍던지! 천국에서 하나님과 함께하는 영원한 생명을 얻을 뿐만 아니라 이 땅에서 사는 동안에도 새로운 생명을 얻는다니! 믿을 수 없을 정도로 너무 좋은 말씀이었다.

그 뒤 나는 성경을 읽어야겠다는 생각에 요한복음부터 읽기 시작했다. 성경을 잘 이해할 수 있게 도와달라고 예수님께 기도도 드렸다. 요한복음을 다 읽고 나자 나는 결정을 내려야만 했다. 예수님이 영원하고 풍성한 삶을 주시는 분이라면, 유일한 구원의 길이라면, 나는 그분께 내 인생을 드려야만 했다. 예수님이 그렇게 요구하셨다. 결론은 전부냐 전무냐, 둘 중 하나였다.

1978년 5월 12일, 나는 길가에 차를 주차해 놓고 "예수님, 제 친구가 한 말이 사실이라면 당신을 제 삶에 초대합니다. 오셔서 저의 주님이 되어 주세요. 저의 구세주가 되어 주세요"라고 기도드렸다. 그러고는 평소대로 교대 시간에 맞춰 출근을 했다. 그날 밤에는 별다른 변화가 없었다. 그러나 다음 날 아침, 나는 뭔가 일이 일어났다는 걸 알았다. 잠에서 깨어나자 확실히 달라진 게 느껴졌다. 내 마음속에서 뭔가 변화가 일어난 것이다.

나는 성경이 하나님의 말씀이며 신뢰할 만하다는 내적 확신을 갖고 열심히 성경을 읽기 시작했다. 성경의 모든 약속이 마치 주리고 목마른 자에게 주는 시원한 냉수 한 잔 같았다. 진리가 내 마음을 너무도 깊이 꿰뚫어서, 성경을 읽는 동안 눈물을 쏟은 적도 한두 번이 아니었다.

하지만 이렇게 새로운 날들을 보낸 지 그리 오래 지나지 않아, 두려움이라는 내 오랜 원수가 아직도 내 삶을 통제하고 있음을 깨달았다. 어느 날 밤 잠이 들 무렵, 갑자기 예전의 그 두려움 증세가 다시 나를 덮쳐왔다. 나는 침대에서 일어나 아래층 거실로 내려갔다. 갑자기 벽들이 사방에서 조여들었고, 예의 그 익숙한 윙윙거리는 소리들이 귓전에 맴돌았다. 아니, 이제는 웃음소리까지 들렸다. 마치 내가 새로 깨달은 믿음이 기만에 불과하다고 비웃는 것 같았다. 하지만 나는 그 주간 동안에 성경을 읽으며 특별히 한 가지 약속을 내 마음에 새겼다. 사도 바울이 기록한 로마서 8장 31절의 말씀이었다.

"만일 하나님이 우리를 위하시면 누가 우리를 대적하리요."

나는 이 말씀이 주는 능력 위에 굳건히 섰다. 그때 불현듯 내 입에서 나왔던 말씀이 기억난다.

"사탄아, 너는 하나님이 허락하셔야만 나를 죽일 수 있어. 그리고 만일 하나님이 허락하셔서 내가 죽는다 해도, 나는 천국으로 갈 거야. 어느 쪽이 되었든 승자는 나지. 그러니 네가 가진 모든 걸 내게 던져 보라고. 나는 하나님이 나에게 주신 것을 네게 던질 테니까. 하나님의 아들 예수님의 이름으로 나는 너를 거부한다!"

그렇게 외치고 서 있는데, 뜨거운 불길이 내 발에 닿더니 온몸을 타고 올라와 마침내 내 머리끝까지 태우는 것 같았다. 그 순간 나는 자유케 되었다. 9년 동안의 지옥 생활에 마침표를 찍은 것이다. 그게 30여 년 전 일인데, 그 후로 나는 한 번도 공황장애로 발작을 일으키지 않았다.

나는 두려움과 대적해 싸울 힘을 얻었고, 이제 두려움은 더 이상 나를 장악하지 못한다. 이 책에서 나는 당신이 두려움에 굴복하지 않도록 막아 줄 성경의 진리들을 전하는 데 최선을 다할 것이다. 특히 우리가 살고 있는 이 시대는 두려움에 빠지기가 매우 쉽다. 이삭은 하나님의 입에서 나오는 말씀을 듣고 그 마음에 확신이 가득했다.

"두려워하지 말라. … 내가 너와 함께 있어 네게 복을 주어"창 26:24.

우리도 이와 동일한 확신을 품고 인생 여정을 잘 마칠 수 있기를 간절히 소망한다.

차례

추천의 글 | 서문

20 _____ 1장 • 폭풍처럼 두려움이 몰려온다

29 _____ 2장 • 두려움이 없는 곳에서도 두렵다

41 _____ 3장 • 우리의 힘으로는 불가능하다

55 _____ 4장 • 두려움이 당신을 지배할 때, 멈춰라

70 _____ 5장 • 두려움도 하나님의 약속은 깨지 못한다

80 _____ 6장 • 하나님이 능력을 주실 것을 신뢰하라

96 _____ 7장 • 하나님이 당신을 보호하신다

111 _____ 8장 • 오직 하나님만 따르기로 결정하라

125 _____ 9장 • 두려움 너머에 있는 하나님의 계획을 바라보라

136 _____ 10장 • 사랑이 두려움을 내쫓는다

1장
폭풍처럼 두려움이 몰려온다

"이제는 약속하여 이르시되 내가 또 한 번 땅만 아니라 하늘도 진동하리라 하셨느니라. 이 또 한 번이라 하심은 진동하지 아니하는 것을 영존하게 하기 위하여 진동할 것들 곧 만드신 것들이 변동될 것을 나타내심이라"
히 12:26-27.

우리는 두려워할 이유가 수없이 많은 시대를 살고 있다. 세계 경제는 의도하지 않았던 양상으로 요동치며 무너져 내리고 있다. 장래를 위해 필요한 것과 안정에 대한 두려움이 우리의 생각뿐만 아니라 대중 매체까지 상당 부분 잠식하고 있다. '내일을 어떻게 살아갈까? 직장을 계속 다닐 수 있을까? 가족들을 먹여 살릴 수 있을까?'라고 끊임없이 걱정하는 것이다.

우리는 대량 살상 무기가 판치는 끔찍한 전쟁의 위험에 노출되어 있지만 그에 대한 해결책은 없다. 그러면서 앞선 세대와는 다르게 이런 무기를 자제력 있게 잘 이용할 수 있으리라고 생각한다. 물론 그 생각이 착각이라는 것도 잘 알고 있다.

또한 지구가 에너지 자원과 식량의 고갈로 매우 심하게 파괴되고 있음을 알려 주는 갖가지 통계 수치들이 날마다 홍수처럼 밀려들고 있다. 전 세계적으로 자연 재해가 점점 더 심해지고 있다. 가족이 해체되고 있다. 가족은 하나님이 각 가정과 국가에 안정과 보살핌, 양육과 질서를 주시기 위해 세우신 거룩한 질서의 핵심인데 말이다.

우리 눈이 닿는 모든 곳에서 인간의 사랑은 침식되고 있으며, 무작위적이며 무감각한 폭력 행위는 증가 추세에 있다. 이제 안전지대는 없는 것이다. 학교도 대학도 교회도 안전하지 않다. 우리는 사람들이 '내적으로' 폭발하는 시대를 살고 있다. 우리가 양육한 젊은 세대는 하나님이 없다는 메시지를 들으며 자라났다. 얼마나 큰 비극인가. 학교에서는 기도 시간을 없앴으며 말씀을 가르치는 교과목도 빼 버렸다. 이 세대는 격렬한 음악을 듣고 폭력 장면이 수없이 난무하는 디지털 이미지를 보며 성장했다. 그러면서 우리는 아이들이 왜 이 모양일까 의아해한다. 이들은 정확히 우리가 가르친 대로 자랐을 뿐인데 왜 우리는 충격을 받을까?

이뿐 아니라 그리스도와 교회마저 세상의 조롱거리가 되고 있다. 이 사회는 경건한 자들을 편협하고 고집스럽고 접근하기 어렵고 전혀 고려해 볼 만한 가치가 없는 존재라고 폄하하면서, 모든 경건한 제약들을 묵살하는 쪽으로 끊임없이 몰아가고 있다. 때로 그들은 교회야말로 오늘날 우리 세상에서 일어나는 모든 문제의 근원이라고 극단적인 생각을 한다.

앞으로 다가올 것들

굳이 강조하지 않아도 우리는 앞으로 다가올 날들이 그 어느 때보다 더 힘들 거라는 사실을 잘 알고 있다. 우리 안에 있는 뭔가가 이미 그 기미를 감지하고 있다. 많은 사람이 열심히 낙관주의를 부추기지만 소용없다. 사회 각계각층에 있는 사람들 모두 우리가 이전에 전혀 경험하지 못했던 큰 폭풍우를 겪을 거라고 예감하고 있다. 흔들릴 만한 건 다 흔들리기 직전이다. 앞으로 무슨 일이 일어날지 정확히 설명할 수 있는 사람이 과연 있을까?

아무리 세상 문화가 우리의 통제를 넘어서서 빠르게 돌아간다 할지라도, 하나님의 통제에서는 절대 벗어나지 못한다는 사실에 정말 감사하다. 하나님은 우리에게 이런 상황에 대해 이미 말씀하셨고 경고도 주셨다. 한번은 예수님의 제자가 이렇게 물었다.

"주의 임하심과 세상 끝에는 무슨 징조가 있사오리이까" 마 24:3.

다시 말해서 마지막 때에는 사회가 어떤 모습일지를 묻는 것이다. "우리가 뭘 예상해야 하는가? 과연 그때 무슨 일이 일어나겠는가?" 말이다.

"예수께서 대답하여 이르시되 너희가 사람의 미혹을 받지 않도록 주의하라. 많은 사람이 내 이름으로 와서 이르되 나는 그리스도라 하여 많은 사람을 미혹하리라. 난리와 난리 소문을 듣겠으나 너희는 삼가 두려워하지 말라. 이런 일이 있어야 하되 아직 끝은 아니니라. 민족이 민족을, 나라가 나라를 대적하여 일어나겠고 곳곳에 기근과 지진이 있으리니 이 모든 것은 재난의 시작이니라. 그 때에 사람들이 너희를 환난에 넘겨 주겠으며 너희를 죽이리니 너희가 내 이름 때문에 모든 민족에게 미움을 받으리라. 그 때에 많은 사람이 실족하게 되어 서로 잡아 주고 서로 미워하겠으며 거짓 선지자가 많이 일어나 많은 사람을 미혹하겠으며"마 24:4-11.

예수님은 전쟁과 지진과 기근과 질병이 우리 눈앞에서 벌어질 것을 예언하셨을 뿐만 아니라, 마지막 때에는 종교적 속임수가 극에 달할 거라고 경고하셨다. 마지막 때에 사탄의 전략은 분명하다. 재난의 때에 안식처를 찾는 사람들에게 가짜

기독교적 대안들을 수없이 많이 제시할 것이다. 상당히 영리한 전략이다.

사탄이야말로 세상의 혼란에 상당 부분 기여하고 있다. 혼란이 가중되기 시작하면 사탄은 온 세상에 거짓 안내판을 세워 놓고 바로 이 길만이 그리스도께로 가는 길이라고 주장할 것이다. 많은 이들이 피난처를 찾으려고 애쓰고, 안전한 방주를 찾으려고 허둥댈 것이다. '예수가 저기 있다, 이 길이 생명의 길이다, 저 길이 안전한 길이다' 등등 예수님의 길이라고 주장하는 안내판이 온 천지에 넘쳐날 것이다. 예수님은 우리에게 다음과 같이 경고하셨다.

"그러면 사람들이 너희에게 말하되 보라 그리스도가 광야에 있다 하여도 나가지 말고 보라 골방에 있다 하여도 믿지 말라"마 24:26.

이 종교적 속임수는 예수 그리스도를 주로 고백하는 교회를 겨냥할 것이다. 가벼운 성도와 신실한 성도를 모두 아우르는 교회를 말이다. 이 속임수는 이미 존재하고 있지만, 다가오는 날에는 더 강력해질 것이다. 사탄의 목표는 하나님의 백성을 혼란스럽게 하는 것이다. 주님의 임재가 있는 안전한 집으로 돌아오려는 탕자를 혼란스럽게 하는 것이다. 실상은 사람들을 오도하면서 자기야말로 하나님을 대변한다고 주장하는 목소리들이 많아질 것이다.

예수님은 "불법이 성하므로 많은 사람의 사랑이 식어지리라"마 24:12고 말씀하셨다. 많은 이들이 거짓 음성을 따르다 잘못된 길로 들어설 것이다. 자기에게 닥친 엄청난 일들에 짓눌려 경주를 포기하는 사람도 있을 것이다.

불법도 훨씬 더 성행할 것이다. 이미 서구 사회가 그렇다. 지금 일어나는 일들을 보면 무시무시할 정도다. 사람들이 살아가는 방식, 사람들이 하는 말, 대중 매체가 보여 주는 것들이 모두 무섭다. 이렇게 도덕이 무너져 내리는 것을 우리는 계속 목도할 것이며, 그러면서 사람들, 특히 경건한 사람들은 앞으로 일어날 일들에 충격을 받을 것이다. 죄악이 성행하고, 너무 힘들다는 이유로 모든 걸 포기하는 사람도 많을 것이다. 사회는 반대 방향으로 너무 강하게 밀어붙이는 것처럼 보일 것이고, 복음을 들으려 하는 자들은 극소수일 것이다.

그 사이에 두려움이 있다

어쩌면 지금 당신은 앞으로 다가올 위험에 대비할 생각은 꿈도 못 꿀 것이다. 당장 코앞에 닥친 어려움만으로도 이미 소진

되어 버렸기 때문이다. 하지만 성경은 우리가 직면한 전쟁은 모든 인간이 겪는 일이라고 증거한다. 유독 당신한테만 던져진 유혹은 없다. 두려움에 굴복하고 싶은 유혹도 마찬가지다.

주님께서 나를 부르셔서 안정된 직장과 내가 일하며 쌓아 올린 모든 것을 떠나라고 말씀하셨던 때가 기억난다. 그 모든 걸 떠나 주님은 당시 호텔에서 예배하던 열일곱 명을 목회하라고 말씀하셨다. 상식적으로 보면 미친 짓이었지만, 나는 하나님이 인도하시는 길이라는 걸 알고 있었다. '우리 아이들은 어떡하지? 그 아이들을 어떻게 교육하지? 하나님이 명하신 일들을 내가 정말로 다 해낼 수 있을까?'라고 고민하며 온갖 두려움과 싸우던 시간들이 선명하게 기억난다.

사도 바울조차도 이러한 일을 경험했다. 그리고 그것을 다음과 같이 표현했다.

"우리가 마게도냐에 이르렀을 때에도 우리 육체가 편하지 못하였고 사방으로 환난을 당하여 밖으로는 다툼이요 안으로는 두려움이었노라" 고후 7:5.

다시 말해서 "이것 봐, 나는 두려움과 싸워야 했어. 나는 보이는 것과 보이지 않는 모든 것을 거스르는 극렬한 반대에 부덮쳤지. 그 반대가 무엇인지 이해될 때도 있었지만, 때로는 마치 지옥 전체가 나와 대적해서 싸우려고 달려드는 것처럼 느껴질 때도 있었지"라는 의미다.

바울이 "밖으로는 다툼이요 안으로는 두려움이었노라"고 고백하듯, 모든 사람이 이와 같은 두려움에 처할 때가 있다. '내가 이걸 견뎌낼 수 있을까? 계속 나아갈 힘이 있을까? 실패하면 어떡하지?'라는 두려움에 대한 유혹이 끊임없이 바울의 마음 문을 두드렸지만, 우리는 그가 하나님이 명하신 일에서 뒷걸음치지 않았다는 사실을 성경을 통해 알 수 있다. 그는 예루살렘에서 환난과 박해가 그를 기다리고 있다는 경고를 들었을 때도 이렇게 확언했다.

> "내가 달려갈 길과 주 예수께 받은 사명 곧 하나님의 은혜의 복음을 증언하는 일을 마치려 함에는 나의 생명조차 조금도 귀한 것으로 여기지 아니하노라"행 20:24.

오늘날 세상에서 일어나는 사건 사고와 부패 현상을 보고 있노라면 불길한 예감이 가득 몰려올 수밖에 없다. 하나님이 없는 자들은 정말로 두려워할 만한 정당한 이유가 있다. 하지만 하나님을 아는 자들은 그렇지 않다. 우리는 세상이 재난이라고 부르는 것조차 하나님의 은혜로 견딜 수 있으며 그것을 하나님이 주신 기회로 알고 끌어안을 수 있다. 그저 재난을 통과하는 것이 목적이 아니다. 오히려 복음을 전하는 엄청난 기회가 되어야 한다. 그것이 더 큰 은혜다.

그러므로 이제 스스로 준비하라. 바로 지금이 앞으로 어떤 일이 일어나든지 그 상황을 직면할 수 있도록 영적으로 준비되어야 할 시간이다. 세상은 빠르게 꼬여 가고 모든 상황이 점점 더 나빠질 것이다. 그리스도 안에 있는 사람은 안팎으로 반대에 직면할 것이다. 하지만 그 모든 것 한가운데서, 우리는 교회를 향해 말씀하시는 주님의 음성을 들어야 한다.

"두려워하지 말라!"

2장
두려움이 없는 곳에서도 두렵다

"어리석은 자는 그의 마음에 이르기를 하나님이 없다 하도다. 그들은 부패하며 가증한 악을 행함이여 선을 행하는 자가 없도다. 하나님이 하늘에서 인생을 굽어살피사 지각이 있는 자와 하나님을 찾는 자가 있는가 보려 하신즉 각기 물러가 함께 더러운 자가 되고 선을 행하는 자 없으니 한 사람도 없도다. 죄악을 행하는 자들은 무지하냐. 그들이 떡 먹듯이 내 백성을 먹으면서 하나님을 부르지 아니하는도다. 그들이 두려움이 없는 곳에서 크게 두려워하였으니 너를 대항하여 진 친 그들의 뼈를 하나님이 흩으심이라. 하나님이 그들을 버리셨으므로 네가 그들에게 수치를 당하게 하였도다"시 53:1-5.

두려움 속에 살면 결국 모든 게 마비되고 만다. 두려움에 완전히 사로잡히면 정상적인 활동이 불가능해지기 때문이다. 이것은 공황장애에서 구원받기 전의 내 이야기다. 나는 불안해질 만한 상황을 끊임없이 피해야 했다. 그래서 대부분의 사람들이 즐기는 사회적 관계를 충분히 즐기지 못한 채 혼자일 때가 많았다. 모임에서 누군가와 대화를 하면서도 동시에 그 방을 슬쩍 훑어보며 가장 가까운 출구를 확인해 두곤 했다. 필요할 때

언제든 재빨리 도망치려면 항상 전략적으로 유리한 자리를 잡아야 했기 때문이다. 모임 장소에 편히 느긋하게 앉아 있다는 건 있을 수 없는 일이었다.

그리스도인은 두려움 속에서 살 필요가 전혀 없다는 걸 나는 나중에서야 알게 되었다. 주님은 자기 백성을 지키겠다고 분명히 약속하셨다. 그들이 물과 불 가운데로 지날 때 함께하겠다고 약속하셨다사 43:2. 하나님의 자녀는 아버지의 손 안에서 안전하며 누구도 그들을 빼앗을 수 없다고 말씀하셨다요 10:28-29. 그렇게 하나님은 우리가 두려움의 손아귀에서 벗어나도록 성경을 통해 간증과 증거를 주셨다.

"내가 의탁한 것을 그날까지 그가 능히 지키실 줄을 확신함이라"딤후 1:12.

그렇다면 왜 오늘날 하나님의 종들이 두려움을 느끼는가? 마치 시편 기자 다윗이 표현한 "그들이 두려움이 없는 곳에서 크게 두려워하였으니"시 53:5와 같은 상황이다.

다윗은 이 시편을 "어리석은 자는 그의 마음에 이르기를 하나님이 없다 하도다"시 53:1라는 말로 시작한다. 놀라운 선언이고, 표면적으로 드러나는 것보다 훨씬 더 많은 의미를 담고 있는 선언이다. 이 구절을 보면, 처음에는 하나님이 존재하지 않는다고 주장하는 사람을 떠올리게 된다. 역설적이게도 어리석은 자는 자기에게 사유할 능력을 주신 하나님이 존재하지 않는다고 주장하고 있다.

"창세로부터 그의 보이지 아니하는 것들 곧 그의 영원하신 능력과 신성이 그가 만드신 만물에 분명히 보여 알려졌나니 그러므로 그들이 핑계하지 못할지니라" 롬 1:20.

이 말씀은 자연 자체가 하나님을 선포하고 있기 때문에 주님 앞에 설 때 어느 누구도 하나님을 모른다고 핑계하지 못한다는 의미다. 이렇듯 인간에게는 하나님을 알 수 있는 기회가 항상 있지만 하나님께 생명의 호흡을 받은 인간들은 여전히 하나님이 없다고 말한다.

언젠가 그런 어리석은 자들도 하나님의 보좌 앞에 서서 잠시 잠깐, 그들을 창조하신 분의 사랑을 깨닫게 될 것이다. 너무나 순수하고 측량할 길 없는, 우리 인간으로서는 도저히 이해할 수 없는 그 사랑을…. 하지만 그것도 잠시 뿐, 그들은 그 사랑에서 영원히 격리되고 말 것이다. 정말 슬픈 일이다.

또 자기 머릿속에서 신을 만들어 내는 사람도 있다. 그런 사람은 자기의 삶을 주관할 권리가 있는 하나님 같은 신은 없다고 주장한다. 타락한 인간은 자기만의 신을 창조하고 싶어 한다. 모세가 산 위에 올라가 그 세대에게 하나님이 특별히 주시는 계시를 받아 올 준비를 하는 동안, 이스라엘 백성은 그를 기다리지 못하고 아론에게 자기들 앞에서 행할 신을 만들어 달라고 떼를 썼다. 그래서 아론은 백성에게서 금 고리를 걷어서 불에 녹여 송아지를 만들었다. 아마 백성들은 그 송아지를 보고 "이는 우리를 애굽 땅에서 인도하여 낸 신이다. 이제 잔치를 열어 이 송아지에게 예배하고 헌신하자"고 말했을 것이다. 이렇듯 인간에게는 자기만의 신, 자기가 섬기고 싶은 신을 만들고 싶은 욕구가 있다.

하지만 옳고 그름의 기준은 오직 하나님께 있다. 그리고 하나님께 속한 자들은 이 진리를 기꺼이 받아들인다. 그들은 하나님을 자신의 이미지에 맞추지 않는다. 오직 성령을 통해 자신을 하나님께 맞춘다.

그리스도 안에 있는 자들은 하나님이 그들의 삶에 일으키시는 변화를 받아들인다. 예를 들어, 한때 도둑이었던 사람들은 일을 해서 정직하게 생활비를 마련하고, 거짓말쟁이였던 사람들은 진실을 말하기 시작한다. 무자비했던 사람들은 하나님의 자비가 자신뿐만 아니라 자신을 통해 남에게까지 흘러나가야 한다는 걸 깨닫는다. 이기적이었던 사람들은 긍휼한 사람이 되어, 자기 자신을 희생함으로써 타인의 필요를 채워 준다. 그들은 성령의 능력을 힘입어 그들 안에 계신 그리스도의 형상대로 변해 간다.

지난 세월 동안 주님은 나를 변화시키시어, 자기중심적인 사람에서 온전히 남들을 보살피는 사람이 되게 해주셨다. 그리스도가 교회를 사랑하시는 것처럼 아내를 사랑해야 한다는 게 무슨 의미인지 가르쳐 주셨다엡 5:25. 좋은 아버지가 되고 싶은 열망과 가족을 섬기는 법을 배우고 싶은 열망도 주셨다. 내 삶 속에서 이 일을 하신 분은 바로 주님이셨다. 처음부터 이 사실을 안 것이 아니라 나와 가장 가까운 사람들이 나에 대해 말하는 간증을 듣고 비로소 알게 된 사실이다.

변화된 삶이야말로 그 사람이 하나님의 영으로 거듭났다는 것을 반박의 여지없이 보여 주는 증거다. 자신은 변화되지 않고 끊임없이 하나님을 자기의 이미지에 맞추려고만 한다면, 그는 스스로 속고 있는 것이다. 참된 구원이 없는 바보들의 낙원에서 살고 있는 것이다. 다윗은 이렇게 썼다.

"하나님이 하늘에서 인생을 굽어살피사 지각이 있는 자와 하나님을 찾는 자가 있는가 보려 하신즉"시 53:2.

마치 여호와께서 이 땅을 내려다보시며 "나의 임재 안에 들어오고 싶어하는 자는 어디 있는가? 내게 자기 자신을 열심히 맞추려 하는 자는 어디 있는가? 이 악한 세대 속에서 두려움에 굴하지 않고 내 말을 힘써 믿고자 하는 자는 어디 있는가?"라고 물으시는 것 같다.

정말로 떨고 있는 자는 누구인가?
다윗은 큰 두려움 가운데 하나님만을 의지한 좋은 본이 되어 준다. 다음과 같은 시편을 쓸 때 그는 과거를 회상했을 것이다.

"그들이 두려움이 없는 곳에서 크게 두려워하였으니 너를 대항하여 진 친 그들의 뼈를 하나님이 흩으심이라. 하나님이 그들을 버리셨으므로 네가 그들에게 수치를 당하게 하였도다" 시 53:5.

어쩌면 그는 소년 시절에 아버지의 심부름으로 형들에게 치즈와 빵을 갖다주러 갔다가, 이스라엘 군대의 진영에 들어가게 된 상황을 떠올렸을지도 모른다. 그때 블레셋 군대와 이스라엘 군대는 골짜기를 사이에 두고 양쪽에 진을 치고 있었고, 골리앗이라는 거인은 40일 동안 매일 아침저녁으로 나와 이스라엘 군대에게 이렇게 소리쳤다.

"너희는 한 사람을 택하여 내게로 내려보내라. 그가 나와 싸워서 나를 죽이면 우리가 너희의 종이 되겠고 만일 내가 이겨 그를 죽이면 너희가 우리의 종이 되어 우리를 섬길 것이니라" 삼상 17:8-9.

사울 왕과 이스라엘 군대는 전의를 상실한 채 그 자리에서 벌벌 떨기만 했다. 오늘날에도 사탄은 골짜기 반대편에서 정면으로 우리 삶을 향해 포효하며 우리를 떨게 만든다. 우리는 온통 더럽고 타락한 시대 가운데 살고 있다. 하나님의 백성의 진영에까지 혼돈이 판치고, 온 사방에서 수많은 거인이 나타나 예수 그리스도의 증거를 없애 버리겠다고 큰소리친다. 그리하여 진영 전체가 흔들리고, 심지어 그리스도를 따르는 추종자들조차 무서워 떤다.

하지만 하나님은 우리를 대적하는 어떤 원수보다도 능하시다. 하나님은 우리가 앞으로 직면해야 할 어떤 갈등이나 두려움보다 능하신 분이다. 하나님의 위대하심보다 원수를 더 크게 확대해서 보는 것은 마치 어리석은 자처럼 마음속으로 "하나님은 없다"고 말하는 것과 같다. 사울 왕과 이스라엘 백성이 바로 이렇게 행동했다. 그들은 골짜기 반대편에서 큰소리치던 시끄러운 거인을 내려다보며 마음속으로 "하나님은 없어"라고 말하고 있었다.

현실적으로 벌벌 떨어야 할 쪽은 사탄의 진영이었다. 여호수아가 정탐꾼 두 명을 여리고로 보냈을 때 창녀 라합이 그들에게 했던 말을 기억해 보라.

"여호와께서 이 땅을 너희에게 주신 줄을 내가 아노라. 우리가 너희를 심히 두려워하고 이 땅 주민들이 다 너희 앞에서 간담이 녹나니"수 2:9.

여리고 성 주민들은 여호와께서 이스라엘 백성을 애굽에서 어떻게 구원하셨으며 아모리 왕들을 어떻게 진멸시키셨는지 이미 다 들어 알고 있었다.

"우리가 듣자 곧 마음이 녹았고 너희로 말미암아 사람이 정신을 잃었나니 너희의 하나님 여호와는 위로는 하늘에서도 아래로는 땅에서도 하나님이시니라"수 2:11.

하지만 골리앗이 하나님의 백성들 앞에 버티고 서 있던 그 시간에 벌벌 떤 쪽은 오히려 하나님의 백성이었다. 다윗은 그들을 묘사하기를, "두려움이 없는 곳에서 크게 두려워하였으니"시 53:5라고 했다.

어린 다윗이 빵과 치즈를 실은 당나귀를 끌고 진영 안으로 들어오는 모습을 상상해 보라. 아무도 그가 궁지에 몰린 이스라엘을 향한 하나님의 응답일 거라고 상상하지 못했을 것이다. 하지만 다윗은 하나님을 알고 하나님과 동행하는 사람이었다. 그래서 그는 이스라엘 진영 한가운데로 곧장 걸어 들어가 형들에게 쾌활하게 인사를 했다. 그러나 그 즉시 형들한테 "됐다, 꼬마야. 다치기 전에 어서 집으로 돌아가라"는 말을 들었을 것이다.

다윗은 골리앗의 고함 소리를 듣고 "이 블레셋 사람을 죽여 이스라엘의 치욕을 제거하는 사람에게는 어떠한 대우를 하겠느냐. 이 할례받지 않은 블레셋 사람이 누구이기에 살아 계시는 하나님의 군대를 모욕하겠느냐"삼상 17:26라고 말했다. 이 말은 사실 "왜 다들 겁먹었죠? 이 오만한 거인이 하나님을 욕되게 하는 게 안 보이나요? 이들을 죽일 명분이 이렇게 확실한데 왜 보고만 있죠?"라고 항의하는 것이었다. 이처럼 다윗이 이스라엘 군대의 '파산한 영성'을 드러내자, 그들은 화가 났다. 심지어 다윗의 큰형 엘리압도 그를 질타했다.

"네가 어찌하여 이리로 내려왔느냐. 들에 있는 양들을 누구에게 맡겼느냐. 나는 네 교만과 네 마음의 완악함을 아노니 네가 전쟁을 구경하러 왔도다"삼상 17:28.

엘리압은 이새의 맏아들로서, 사무엘이 처음에 여호와의 기름부으심을 받을 자로 생각했던 사람이었다. 그러나 하나님은 그때 사무엘에게 사람을 외모로 판단하지 말라고 하시며 하나님은 사람의 중심을 보신다고 깨우쳐 주셨다.

하나님이 주신 소명을 못 이루고 중단한 사람들은 우리가 전장에 나가서 싸우려고 한 발 나서려고 할 때 늘 우리를 막아선다. 하지만 우리는 그들의 질타하는 목소리를 뚫고 나가야 한다. 우리 마음에서 들려오는 두려움의 목소리는 물론 우리를 공격하는 사탄의 목소리도 뚫고 나가야 한다. 사탄은 말한다.

"네가 이룬 게 뭔데? 도대체 뭘 했다고 그렇게 우쭐거려? 너는 고작 양 몇 마리 키우는 목동일 뿐이야. 거대한 사회에 맞서는 데 정말 그걸로 충분하다고 생각하는 거야?"

사울마저 다윗에게 "네가 가서 저 블레셋 사람과 싸울 수 없으리니 너는 소년이요 그는 어려서부터 용사임이니라"삼상 17:33고 말했다. 오랜 세월 동안 전략을 개발해 온 사탄에 비하면 우리 역시 골리앗 앞의 다윗처럼 어리다. 상식선에서 보면 사탄의 적수가 못 된다.

하지만 다윗은 많은 사람이 자신을 반대함에도 불구하고

거인 골리앗과 싸우겠다고 우겼다. 그가 시편 53장 5절에서 말한 대로 위대한 진리를 알고 있었기 때문이다.

"너를 대항하여 진 친 그들의 뼈를 하나님이 흩으심이라. 네가 그들에게 수치를 당하게 하였도다"시 53:5.

하나님이 어떤 분이신지 잘 아는 사람만이 당당하게 말할 수 있다. 다윗은 골리앗에게 이렇게 말했다.

"너는 칼과 창과 단창으로 내게 나아오거니와 나는 만군의 여호와의 이름 곧 네가 모욕하는 이스라엘 군대의 하나님의 이름으로 네게 나아가노라"삼상 17:45.

다윗은 원수의 위협이나 주변 반응에 눈 하나 깜짝하지 않았다. 그는 자기를 대항하여 진 친 자들의 뼈를 하나님이 이미 흩으셨음을 알고 있었다. 전쟁은 이미 끝난 거나 다름없었다.

하나님은 정말로 살아 계시다
그날 이스라엘 군대는 불신앙과 두려움으로 마비되어 있었지만, 믿음이 충만한 다윗은 전쟁터에 나가 이렇게 선포했다.

"오늘 여호와께서 너를 내 손에 넘기시리니 내가 너를 쳐서 네 목을 베고 블레셋 군대의 시체를 오늘 공중의 새와 땅의 들짐승에게 주어 온 땅으로 이스라엘에 하나님이 계신 줄 알게 하겠고"
삼상 17:46.

다윗은 하나님이 살아 계시고 블레셋 군대는 이미 패했음을 믿었다. 전쟁터에 발을 들여놓기도 전에 그는 골리앗의 머리가 베이는 것을 보았고, 블레셋 군대가 흩어지는 것을 보았으며, 독수리가 그들의 시체를 뜯어먹는 것을 보았다. 다윗은 그 모습을 미리 다 보았고, 그 일이 이루어질 때까지 믿음으로 추구했다. 그리고 블레셋 군대는 그들이 믿었던 용사 골리앗이 죽은 걸 보자마자 줄행랑쳤다.

그렇다면 당신은 하나님을 어떤 분이라고 말하겠는가? 말뿐인 공허한 고백이 아니라 마음 깊은 곳에서 우러나는 언어로 하나님을 어떤 분이라고 말하겠는가? 하나님은 당신을 위해 무엇을 해주실 수 있는 분인가? 이 마지막 때에, 그리고 사람들이 어리석게도 "하나님은 없다"고 말하는 이 시대에, 하나님은 당신 안에 어떤 간증을 심어 주시는가? 여전히 이스라엘 군대처럼 두려움이 없는 곳에서 계속 엄청난 두려움을 느끼며 살 작정인가?

3장
우리의 힘으로는 불가능하다

"우리는 능히 올라가서 그 백성을 치지 못하리라. 그들은 우리보다 강하니라 하고 … 거기서 네피림 후손인 아낙 자손의 거인들을 보았나니 우리는 스스로 보기에도 메뚜기 같으니 그들이 보기에도 그와 같았을 것이니라" 민 13:31, 33.

사탄이 우리를 공격할 때 사용하는 가장 강력한 무기 중에 하나가 바로 두려움이다. 두려움은 해로운 일을 만나 고생하거나 일이 잘못될 수도 있다고 지레짐작하는 것이다. 때로 두려움은 실망을 초래해서 사람을 낙담시킨다. 우리는 자신보다 더 힘센 뭔가가 우리를 대적할 때 두려움을 느끼고, 우리가 가진 것만 바라보면서 실망한다. 그리스도가 우리 안에 계심에도 불구하고 당면한 싸움을 잘 싸울 수 있을 만큼 스스로 강하지 못하다는 잘못된 결론을 내린다. 이렇게 두려움과 실망은 함께 작용한다.

우리는 악이 우리를 사로잡을 거라고 확신하게 되는데, 바로 이것이 사탄의 전략이다. 사실 사탄은 우리에게 아무런 저항도 받지 않고 싸움에서 이길 때도 많다. 우리가 두려움과 실망으로 먼저 싸움을 포기해 버렸기 때문이다. 우리는 이미 싸움에서 도망쳐 버렸다. 하나님의 뜻을 피했다. 하지만 우리가 처한 진정한 현실을 기억하는 게 중요하다. 상황이 아무리 위협적으로 보일지라도 그 위협이나 악이 우리를 정복할 수는 없다.

예를 하나 들어 보겠다. 내가 오랫동안 살았던 농장에서 있었던 일이다. 농장의 곡식 창고에는 한 떼의 고양이들이 살고 있었는데, 어쩌다 한 번씩 꽤 우스꽝스러운 장면이 펼쳐지곤 했다. 어미 고양이가 들판에서 쥐를 잡아 가지고 놀다가 쥐가 힘이 빠질 때쯤 입에 물어서 새끼 고양이들 앞에 내려놓는다. 사냥하는 법을 가르치기 위해서다. 그런데 그때 쥐가 뒷다리를 치켜들며 벌떡 일어서서 발톱을 세우고는 작은 이빨을 드러내며 으르렁거린다. 새끼 고양이들이 자신의 정체를 모르기 바라면서 무서운 동물인 척하는 것이다. 그렇다. 새끼 고양이들이 자신을 잡지 못하게 하는 방법은 단 하나, 자신의 정체를 모르게 하는 것이었다. 하지만 새끼 고양이들은 이기려고 굳이 열심히 싸울 필요가 없다. 이미 승리를 맡아 두었기 때문이다.

우리는 마치 이 새끼 고양이들 같다. 예수님은 이미 우리를 위해 승리를 확보해 놓으셨다. 사탄은 우리의 삶 속에서 일하시는 하나님의 역사를 막을 능력이 없다. 사탄의 힘은 갈보리에서 모두 빼앗겼다. 사탄은 그저 해변에 서서 하나님의 백성이 불가능의 바다를 건너 그리스도 예수 안에서 받은 풍성한 약속의 땅으로 들어가는 걸 지켜볼 수밖에 없는 존재다. 사탄이 가진 잠재력은 단 하나, 우리가 그 위협에 수그러들어 "나는 못 해낼 것 같아"라고 결론짓게 하는 것이다.

두려움에 마비되어

민수기에 기록된 하나님의 백성에게 일어난 일이 바로 이것이었다. 그들은 애굽에서 기적적으로 건짐 받았고, 마침내 가나안 경계선에 이르렀다. 하나님이 그들에게 약속하신 젖과 꿀이 흐르는 땅을 소유하기 직전이었다. 그런데 그들은 거기서 두려움에 마비되고 말았다. 언젠가 하나님 보좌 앞에 나아갈 때, 하나님이 우리에게 약속하신 모든 것이 코앞에 있음을 깨닫는 자들이 얼마나 될지 나는 궁금하다.

모세가 정탐꾼 열두 명을 약속의 땅에 보냈을 때, 그들은 하나님이 말씀하신 대로 그 땅이 정말 젖과 꿀이 흐르는 땅이라고 보고했다. 마찬가지로 내가 오늘 당신에게 성경이 사실이냐고 묻는다면, 당신은 아마 확신을 가지고 "물론 성경은 사실이죠. 하나님이 하신 말씀은 모두가 진리니까요"라고 대답할 것이다. 그 점에 대해서는 이견이 없다. 가나안 경계선까지 온 이스라엘 자손도 마찬가지였다. 그들은 그 땅이 하나님이 말씀하신 것과 똑같다고 말했다. 하지만 정탐꾼 두 명만 빼고 나머지는 모두 그 땅에 사는 거인들에게 관심이 집중되어 있었다.

"우리는 능히 올라가서 그 백성을 치지 못하리라. 그들은 우리보다 강하니라. … 우리가 두루 다니며 정탐한 땅은 그 거주민을 삼키는 땅이요 거기서 본 모든 백성은 신장이 장대한 자들이며 거기서 네피림 후손인 아낙 자손의 거인들을 보았나니 우리는 스스로 보기에도 메뚜기 같으니 그들이 보기에도 그와 같았을 것이니라"민 13:31-33.

그들은 그 땅에 있는 온갖 부정적인 조건들만 보았다. 자신들보다 더 크고 강한 것만 보다 보니 자신들의 능력이 너무나 실망스러웠다. 마찬가지로 우리도 종종 "나는 못 해. 그 말이 맞기는 하지만 나한테 해당되는 말은 아니야"라는 결론을 내린다. 분명 이것은 두려움에서 나온 말이다! 사탄의 작업 방식이다.

물론 하나님은 우리 앞에 불가능한 것을 놓아두신다. 그 이유는 우리가 하나님의 약속의 증거가 되고, 하나님의 능력 안에서 살아가며, 우리의 삶을 통해 치유가 흘러나오고, 하나님의 것에 반항하는 사회를 이기는 삶을 살도록 하기 위해서다. 하나님은 우리가 하나님의 말씀을 성취할 수 있도록 우리를 지키고 인도해 주겠다고 약속하셨다. 정말 안심되는 약속이다. 반면 원수는 우리가 우리 자신만 들여다보고 우리의 연약함만 바라보면서 '나는 해낼 수 없다'고 생각하게 만든다. 우리가 두려워하며 뒤로 물러서기를 바란다.

우리 귀에는 항상 서로 다른 목소리가 들린다. 하나님의 약속의 목소리와 함께 우리의 연약함과 부정적인 의견을 크게 확대해서 말하는 원수의 목소리가 들리는 것이다. 이 두 목소리는 늘 서로 경합한다. 이스라엘 자손은 여호수아와 갈렙을 통해 참된 말을 들었지만, 주변에서 속삭이는 거짓 메시지도 들었다. 코앞에 닥친 어려움을 각기 다른 시각으로 보고 평가하는 말들이었다. 어떤 말을 믿을지는 각자의 선택에 달렸다.

두려움이 엄습할 때 종종 그렇듯이, 불행히도 이스라엘 자손은 목소리가 더 큰 의견을 따랐다. 그들은 진리의 목소리, 하나님을 신뢰하는 목소리를 따르지 않고 그 순간 그들에게 더 크게 들리는 목소리를 따랐다.

"온 회중이 소리를 높여 부르짖으며 백성이 밤새도록 통곡하였더라" 민 14:1.

그들의 두려움은 실망으로 치달았다. 거인들은 떡 버티고 있고, 그들에게는 거인들과 싸워 이길 만한 능력이 없으니, 이미 전쟁에서 진 운명이라고 결론짓고는 밤새도록 운 것이다.

우리에게도 이와 비슷한 상황에 있을 수 있다. 어쩌면 하루하루를 어떻게 살아야 할지, 이 폭풍우에서 어떻게 빠져나와야 할지 몰라 쩔쩔매고 있을지도 모른다. 정말로 열심히 노력하면 두려움을 극복할 수도 있을 거라고 생각하지만, 그럴수록 반대 의견을 속닥거리는 목소리가 점점 커지는 걸 경험했을지도 모른다.

열 명의 정탐꾼들이 부정적인 상황에 움츠려 있는 동안, 여호수아와 갈렙은 하나님을 믿기로 결심하고 이스라엘 자손을 이렇게 위로했다.

"우리가 두루 다니며 정탐한 땅은 심히 아름다운 땅이라. … 다만 여호와를 거역하지는 말라. 또 그 땅 백성을 두려워하지 말라. 그들은 우리의 먹이라. 그들의 보호자는 그들에게서 떠났고 여호와는 우리와 함께 하시느니라. 그들을 두려워하지 말라" 민 14:7, 9.

왜 여호수아와 갈렙은 나머지 열 명과 달랐을까? 이 두 사람은 어떻게 "그들을 두려워하지 말라"고 자신 있게 말할 수 있었을까? 그 핵심은 누가복음 14장 31-32절에 있다.

"또 어떤 임금이 다른 임금과 싸우러 갈 때에 먼저 앉아 일만 명으로써 저 이만 명을 거느리고 오는 자를 대적할 수 있을까 헤아리지 아니하겠느냐. 만일 못할 터이면 그가 아직 멀리 있을 때에 사신을 보내어 화친을 청할지니라."

다시 말해 그리스도와 그분의 능력이 없다면 우리도 원수와 평화 조약을 맺고, 원수가 우리 자리를 차지하도록 내주어야 할 것이다. 하지만 우리가 하나님의 자녀라면, 말씀 속에 있는 모든 약속은 우리 것이다. 그 약속에는 두려움을 이기는 승리의 약속도 포함된다. 여기서 우리가 반드시 자문해 보아야 할 것이 있는데, "나보다 강한 원수를 대적할 능력이 내게 있는가?"라는 질문이다. 그리고 우리에게는 원수를 이길 능력이 없다는 사실을 깨달아야 한다.

예수님은 계속해서 이렇게 말씀하셨다.

"이와 같이 너희 중의 누구든지 자기의 모든 소유를 버리지 아니하면 능히 내 제자가 되지 못하리라"눅 14:33.

예수님은 본질적으로 "네가 가진 모든 것, 너의 노력과 능력과 계획을 포기하지 않으면, 너는 내가 가는 곳까지 따라올 수 없다"고 말씀하신 것이다. 그렇다. 나의 것을 내려놓지 않으면 예수님을 따라갈 수 없다. 왜냐하면 그것은 영적 싸움을 하는 영적 세계의 문제이기 때문이다. 그래서 우리는 하나님으로부터 오는 심오하고 강력한 힘을 필요로 한다.

여호수아와 갈렙은 이 진리를 이해했다. 이 두 사람이 그 땅의 거인들을 이길 수 있다고 믿었던 근거는 '자만'이 아니었다. 오히려 하나님만 온전히 의지할 때 승리할 수 있음을 깨닫는 '겸손'이었다. 우리 자신이 아무것도 아니라는 사실을 빨리 깨달을수록 우리에게 유익하다. 우리는 아무것도 아니지만, 하나님께는 우리가 모든 것이다.

원수의 말에 동의하다

주님은 이스라엘의 다음 세대를 이끌고 약속의 땅으로 들어갈 지도자로 여호수아를 지명하셨다. 그리고 두려움과 불신앙으로 가득한 자들은 광야에서 죽게 하셨다. 하나님은 여호수아에게 "이 일은 네가 하는 게 아니니까 두려워하거나 실망하지 말라"고 말씀하셨다. 오늘날 우리에게도 하나님은 동일한 말씀을 주신다. 우리가 하는 게 아니라 우리 안에 계신 그리스도가 하시는 일이므로 두려워할 필요가 없다고….

여호수아가 이 점을 철저히 확신해야 했으므로, 주님께서는 그들이 요단강을 건너기 전에 여호수아를 만나 주셨다.

> "여호수아가 여리고에 가까이 이르렀을 때에 눈을 들어 본즉 한 사람이 칼을 빼어 손에 들고 마주 서 있는지라. 여호수아가 나아가서 그에게 묻되 너는 우리를 위하느냐 우리의 적들을 위하느냐 하니" 수 5:13.

대부분의 학자들은 이 사람이 성육신 전의 예수 그리스도라는 데 동의한다. 하지만 그가 칼을 빼 든 남자의 모습으로 나타났기 때문에 여호수아는 그가 아군인지 적군인지 알 수가 없었다. 칼을 빼들긴 했지만 그의 표정은 "여기까지만, 더 이상은 아니다"라고 말하고 있었다.

예수님은 이런 상황을 이렇게 말씀하셨다.

> "너를 고발하는 자와 함께 길에 있을 때에 급히 사화하라. 그 고발하는 자가 너를 재판관에게 내어 주고 재판관이 옥리에게 내

어 주어 옥에 가둘까 염려하라"마 5:25.

때로 우리가 하나님과 동행할 때, 하나님은 악이 아니라 선을 위해서 직접 우리의 반대자가 되시는 경우가 있다. 육체로는 약속의 땅을 차지할 수 없다. 육체는 결국 두려워서 뒤로 물러설 것이다. 하나님은 이것을 잘 아시기 때문에 우리 앞에 나타나셔서, 그 자리에 서 있으라고 말씀하신다. 그리고 우리 자신을 의지하는 건 거기서 그만 멈추라고 말씀하신다. 그때 우리는 어려움을 모면하기 위해 우리 스스로 세운 계획을 내려놓아야 한다. 우리 힘으로는 이 싸움에서 이길 수 없다. 대적이 우세할 때는, 특히 그 대적이 하나님일 때는 대적과 화친해야 한다고 예수님은 말씀하셨다.

"그가 이르되 아니라 나는 여호와의 군대 대장으로 지금 왔느니라 하는지라. 여호수아가 얼굴을 땅에 대고 엎드려 절하고 그에게 이르되 내 주여 종에게 무슨 말씀을 하려 하시나이까. 여호와의 군대 대장이 여호수아에게 이르되 네 발에서 신을 벗으라 네가 선 곳은 거룩하니라 하니 여호수아가 그대로 행하니라"수 5:14-15.

예수님은 여호수아 앞에 서서 "네 발에서 신을 벗으라"고 말씀하셨다. 다시 말해서 "이는 힘으로 되지 아니하며 능력으로 되지 아니하고 오직 나의 영으로 되느니라"슥 4:6는 의미다. 하나님은 여호수아에게 이렇게 말씀하신 것이다.

"나는 네 힘이 필요 없다. 네 최선의 노력도 네 전략도 원치 않는다. 네가 선 곳은 거룩한 땅이니 네 신발을 벗어라. 이곳은 하나님이 홀로 너를 이끌어 가시고, 하나님이 홀로 영광 받으실 거룩한 장소다!"

이 교훈은 어릴 때부터 주님께서 내게 가르쳐 주신 것이다. 내가 공황장애에서 벗어난 지 몇 해쯤 되었을 때, 하루는 내가 일하는 경찰서에서 어떤 사람이 내게 다가와 대변인이 되어 달라고 부탁을 해왔다. 경찰들을 대변하고 많은 사람 앞에서 말을 해야 하는 자리였기에, 그는 나에게 대중 연설을 두려워하느냐고 대놓고 물었다. 나는 "아뇨"라고 자신 있게 대답했다. 그러나 그 대답이 끝나기 무섭게 '도대체 내가 무슨 말을 하고 있는 거지?'라는 생각이 들었다. 그때까지도 사실 나는 대중 앞에서 연설하는 걸 끔찍이 두려워했기 때문이다.

경찰 측에서는 훈련 과정의 일환으로 나를 대중 연설 학교에 보냈다. 강의실에는 대중 연설에 노련한 전국 각지의 경찰관들이 잔뜩 모여 있었다. 그들은 능숙한 기술을 좀 더 연마하려고 온 것이었다. 그 강의실에서 초보자는 나 혼자였다.

강의 기간 동안 각 사람은 구두 발표를 네 번 해야 했는데, 처음에는 3분 연설로 시작해서 마지막에는 30분짜리 발표를 해야 했다. 강의가 끝나면 다른 사람들은 함께 어울리며 자유로운 저녁 한때를 보냈고, 나는 얼굴을 감싼 채 "오 주님, 저 좀 도와주세요!"라고 부르짖었다.

내 동급생들은 수사 기술이나 기타 관련 주제에 관해 발표했는데, 그것은 당시 내 경험이나 훈련 범주를 한참 넘어서는 딴 세상 이야기였다. 그런 주제로는 상대가 안 된다는 걸 깨달은 나는 내가 잘 알고 있는 주제, 바로 성경(!)에 관해 발표하기로 마음먹었다. 처음 세 번을 발표할 때는 성령께서 자유자재로 말하게 해주셨다. 그건 나에게서 나올 수 없는, 생명의 강물이 흘러넘치는 경험이었다.

그러던 중 어느 강사가 나를 찾아와 여기는 복음 전도 협회가 아니고, 우리는 경찰 대변인 훈련을 받고 있는 중이라고 주의를 주었다. 그러면서 마지막 30분짜리 발표는 경찰과 관련된 주제를 다루어야 한다고 엄격하게 말했다. 방으로 돌아온 나는 다시 고개를 떨구고 하나님께 부르짖었다.

"하나님, 도와주세요! 제 힘으로는 도저히 이 일을 할 수 없어요. 다만 당신께서 영광 받으시기를 간구합니다!"

마지막 발표를 하는 날, 나는 자리에서 일어나 말했다.

"오늘 저는 경찰과 관련된 주제에 대해 발표하고자 합니다. 바로 성경입니다! 여러분이나 저나 법정 앞에 서면 성경에 손을 얹고 진실만을 말하겠다고 선서합니다. 그건 우리가 성경의 내용을 알고 믿는다는 의미가 아니겠습니까? 그렇다면 그 속에 어떤 내용이 있는지 알아야 하지 않을까요?"

사람들이 고개를 끄덕였고, 나는 30분 동안 설교를 했다. 창세기에 나오는 인간의 타락으로 시작해서 요한계시록에 등장하는 왕의 왕, 주의 주로 다시 오실 예수님에 관한 이야기까지 총망라했다.

우리는 발표 후 바로 평가를 받았다. 어조, 제스처, 미사여구 등등. 하지만 이런 요소를 적용해서 나를 평가한 사람은 한 명도 없었다. 대신에 그들은 모두 내 발표 내용에만 집중했다. 한 수사관은 "자네, 정말 뭔가 생각할 거리를 주는걸!"이라고 감탄했다. 또 한 명은 "저는 평생토록 이런 얘기는 들어 본 적이 없어요"라고 평했다. 훈련 과정이 끝나자 심지어 내게 주의를 줬던 강사는 다음 번 훈련 과정 때 강사로 와 줄 수 있느냐고 물었다.

내가 그 네 번의 발표를 할 수 있었던 것은 내 힘이나 능력 때문이 아니었다. 오로지 하나님의 능력으로 한 것이었다. 그

때만 해도 나는 주님이 나를 사역자로 준비시키고 계심을 전혀 몰랐다. 주님은 내게 대중 연설 훈련뿐만 아니라 주님만 온전히 의지하는 훈련을 시키셨던 것이다.

두려움을 물리치고 앞에 닥친 어려움을 극복할 수 있는 능력은 우리의 힘과 의지가 아니라 성령님의 능력에서 나온다. 전쟁은 하나님께 속한 것임을 잊은 채 계속 우리의 부족한 능력과 어려움에만 집중한다면, 사탄은 두려움이라는 무기로 마음껏 우리를 공격하고 그 무기를 제멋대로 휘두를 것이다. 그렇게 되면 우리는 하나님이 우리의 인생에서 바라시는 것과는 거리가 먼 엉뚱한 길로 빠지고 말 것이다.

4장
두려움이 당신을 지배할 때, 멈춰라

"사울이 사무엘에게 이르되 내가 범죄하였나이다. 내가 여호와의 명령과 당신의 말씀을 어긴 것은 내가 백성을 두려워하여 그들의 말을 청종하였음이니이다" 삼상 15:24.

오래전 캐나다에서 살 때 우리 부부는 양 목장을 운영했다. 목장에는 암양 약 70마리, 숫양 약간, 그리고 어린 양들이 많이 있었다. 양 떼들은 내 성경책 너비만 한 좁은 길을 매일 왔다 갔다 했다. 목장은 꽤 큰 편이어서, 여름이 되면 양들은 때로 뜨거운 열기를 피해 숲으로 들어가는 모험을 감행하곤 했다. 그때 녀석들은 너무 오래 숲에 있다가 그만 해가 져서 길이 안 보이게 되는 경우를 종종 겪었다. 일단 이런 상황이 발생하면 그들은 두려움에 끌려다니기 시작했다.

양 떼가 우리에 나타나지 않으면 나는 손전등을 들고 양 떼를 찾으러 숲으로 가곤 했다. 녀석들이 두려움에 떨고 있는 모습은 꽤나 우스꽝스러웠다. 온 양 떼가 몸을 맞대고 웅크린 모습을 보고 있노라면, 그야말로 그들이 공황 상태라는 걸 느낄 수 있었다. 그러다 갑자기 한 마리가 왼쪽으로 펄쩍 내달아 뛰기 시작하면, 나머지 100여 마리의 양들도 서로 몸을 맞대고 우르르 그 뒤를 따랐다. 그렇게 온 들판을 헤매며 달리다가 결국은 울타리에 부딪쳐 걸음을 멈추곤 했다.

더 이상 갈 수 없게 되면 그제야 양들은 맨 처음 달려 나간 양이 길을 제대로 알고 간 게 아니라는 걸 깨달았다. 그러면 양 떼 전체가 걸음을 멈추고 다시 서로 몸을 대고 웅크린 채, 다른 양이 또 한 번 갑자기 용감하게 뛰어나갈 때까지 기다렸다. 마치 우리가 두려움에 휩싸여 생각나는 대로 "이게 길이다!"라고 소리치는 것과 흡사하다. 그렇게 어느 양이 또 내달아 뛰면 온 양 떼가 같이 우르르 달려가다가 또다시 울타리에 부딪치곤 했다. 양들은 기진맥진할 때까지 이런 행동을 반복했다. 그러다가 마침내 녀석들은 지쳐서 풀밭에 누워 자기 모습이 안 보이는 척하곤 했다. 두려움에 휩싸인 나머지, 내가 자기들을 안전한 곳으로 인도해 줄 사람이라는 걸 깨닫는 데도 시간이 한참 걸렸다.

우리도 어려운 상황에 처하면 아무 생각이나 떠오르는 대로 뛰쳐나가려는 유혹을 종종 받는다. 마음속에 일어나는 두려움에 끌려다니다가 결국 벽에 부딪치고서야 멈추게 되는 것이다. 그렇기 때문에 우리는 사탄이 두려움이라는 강력한 무기를 이용한다는 사실을 깨달아야 한다. 사탄이 두려움을 이용해 우리를 잘못 인도하지 않도록 미리 사탄을 무장 해제시켜야 한다. 이것은 정말 중요하다.

하나님이 이스라엘 자손을 통해 우리에게 보여 주신 본보기를 다시 한 번 생각해 보자. 오늘날 온갖 종류의 속박으로 고생하다 하나님께 건짐받은 이들이 많듯이, 이스라엘 자손도 악한 감독 밑에서 오랫동안 고생하다 극적으로 건짐받았다. 하나님은 이적과 기사로 그들을 애굽에서 데리고 나오심으로써, 세상에서 가장 강력한 군대조차도 하나님이 부르신 자들을 사로잡을 수는 없다는 걸 증명하셨다. 이 진리는 우리가 붙잡아야 할 훌륭한 교훈이다. 그리스도가 우리를 부르셨다면 그분은 반드시 우리를 지켜 주신다. 우리가 하나님의 참된 자녀라면 흔들리거나 실패하지 않을 것이며, 사탄도 우리를 정복하거나 장악하지 못할 것이다.

이스라엘 자손들은 애굽에서 건짐을 받았지만, 적군이 쫓아오고 있음을 알았다. 설상가상으로 그들 앞에는 홍해가 떡 버티고 있었다. 주체할 수 없는 두려움에 사로잡힌 그들은 잘못된 논리를 폈다.

"그들이 또 모세에게 이르되 애굽에 매장지가 없어서 당신이 우리를 이끌어 내어 이 광야에서 죽게 하느냐. 어찌하여 당신이 우리를 애굽에서 이끌어 내어 우리에게 이같이 하느냐. 우리가 애굽에서 당신에게 이른 말이 이것이 아니냐" 출 14:11-12.

놀랍지 않은가? 모세는 백성에게 하나님의 말씀을 전했지만 갑자기 두려움이 엄습하자 이스라엘 백성은 모세에게 이렇게 말했다.

"우리도 당신한테 할 말이 있어! 당신이 우리 말을 들었어야 했다고. 우리가 여기 오면 전부 죽을 거라고 했지? 거봐, 우리 말이 맞았잖아!"

물론 이것은 잘못된 사고에서 나온 것이다. 두려움은 언제든지 우리의 마음을 파고들어 "하나님한테 너 자신을 맡기면 그 길이 얼마나 험난할지 내가 말했잖아!"라고 말한다.

안타깝게도 잘못된 사고는 잘못된 결론을 낳는다. 백성들은 모세에게 말했다.

"애굽 사람을 섬기는 것이 광야에서 죽는 것보다 낫겠노라" 출 14:12.

우리는 "그렇게 하면 더 좋았을걸!"이라고 자주 말한다. 직장을 그만두지 말걸, 그 인도하심을 따르지 말걸, 결혼 생활을 진작 청산할걸, 이 도시에서 진작 떠날걸 등등. 때로는 "예감이 안 좋더라니"라는 말도 자주 한다. 많은 사람이 예감이라고 말하지만 사실 그것은 두려움의 또 다른 이름일 뿐이다. 사탄은 속삭인다.

"안 돼! 여기 계속 머물면 넌 굶어 죽게 될 거야. 네 소신대로 했더라면 상황이 이렇게까지 나빠지진 않았을 텐데."

두려움과 믿음의 묘한 동행

잘못된 사고는 잘못된 결론을 낳고, 결국은 잘못된 행동을 유발한다. 잘못된 사고를 받아들이는 사람은 결국 스스로 다른 길을 찾고 거짓된 하나님의 이미지를 빚어낸다.

하나님께 왕으로 기름부음받은 사울의 삶에서 이런 모습을 볼 수 있다. 사울은 이스라엘을 이끌어 싸움에서 승리하라는 부르심과 함께 사무엘을 통해 명확한 하나님의 말씀을 받았다.

"너는 나보다 앞서 길갈로 내려가라. 내가 네게로 내려가서 번제와 화목제를 드리리니 내가 네게 가서 네가 행할 것을 가르칠 때까지 칠 일 동안 기다리라" 삼상 10:8.

하지만 사울은 기다리지 못했다. 그는 먼저 가서 자기 손으로 번제를 바쳤다. 사무엘이 도착해서 사울에게 어떻게 된 거냐고 묻자 사울은 이렇게 설명했다.

"백성은 내게서 흩어지고 당신은 정한 날 안에 오지 아니하고 블레셋 사람은 믹마스에 모였음을 내가 보았으므로 이에 내가 이르기를 블레셋 사람들이 나를 치러 길갈로 내려오겠거늘 내가 여호와께 은혜를 간구하지 못하였다 하고 부득이하여 번제를 드렸나이다 하니라. 사무엘이 사울에게 이르되 왕이 망령되이 행하였도다. 왕이 왕의 하나님 여호와께서 왕에게 내리신 명령을 지키지 아니하였도다. 그리하였더라면 여호와께서 이스라엘 위에 왕의 나라를 영원히 세우셨을 것이거늘" 삼상 13:11-13.

이 구절을 읽을 때마다 나는 기독교의 역사 가운데 얼마나 많은 사람이 사울의 행동을 똑같이 따라했을지 궁금한 마음이 생긴다. 많은 이들이 자신이 정해 놓은 기한에 하나님이 나타나시지 않으면 스스로 인생의 고삐를 쥐고 자신이 생각한 길로 가기 시작한다. 사울이 바로 이렇게 행동했다. 그는 하나님의 분명하고 확실한 말씀을 받았음에도 불구하고 두려움에 마음을 내주었다. 사울은 사실상 사무엘에게 이렇게 해명한 것이다.

"그러니까 솔직히 말해 막다른 골목이었어요. 하나님은 안 나타나시지, 누군가가 뭔가를 해야 할 상황이었다고요."

사울은 변명조로 말했지만, 사실 그 말에는 하나님을 비난하는 마음이 숨어 있었다. 사울은 스스로의 제사장이 되어 자기 인생을 넘겨받아 제멋대로 방향을 잡고 스스로를 이끌었다. 하지만 그를 이끈 것은 믿음이 아니라 두려움이었다.

우리는 사울이 놓친 교훈을 바로 알고 배워야 한다. 그것이 현명한 길이다. 만사가 잘되어 갈 때는 우리 내면에 하나님을 향한 신뢰가 다져지지 않는다. 일이 잘되지 않을 때, 불가능이 우리 앞을 가로막고 두려움이 우리를 사로잡을 때, 그때 우리는 하나님을 신뢰하는 법을 배워야 한다. 내가 부룬디를 방문했을 때가 바로 그런 상황이었다.

2007년 부룬디 대통령은 나를 초청해서 후두스, 투트시스, 그리고 트와 민족 간의 화해를 촉구해 달라고 요청했다. 당시 부룬디의 정세는 매우 불안정했다. 내전으로 30만 명가량이 죽었고, 내전 후에도 각 부족 간에는 여전히 증오심이 깔려 있었다. 한 부족이 권력을 잡으면 다른 부족들을 그야말로 전멸시키곤 했다. 그래서 폭동이 한 번 일어나기라도 하면 우리도 위험을 면치 못하리라는 걸 나는 잘 알고 있었다.

나는 뉴욕에 있는 우리 교회 교우들을 200명가량 데리고

왔는데, 원수가 이들에 대해 갑자기 내 마음에 두려움을 심기 시작했다. 처음 이틀은 밤에 자다가 벌떡 깨어났고, 그러면 정말로 내 귀에 비명 소리와 폭발음이 들렸다. 현상적으로 보면 너무나 쉽게 두려움에 압도될 상황이었지만, 그 순간 나는 하나님을 신뢰해야 했다. 끊임없이 기도하면서 하나님이 내게 하신 말씀과 주신 약속을 되새겼다.

마침내 하나님은 약속하신 모든 것을 확실하게 이루셨다. 야외 전도 집회가 라디오 전파를 타고 부룬디 전역에 방송되었고, 심지어 탄자니아와 콩고, 르완다까지 퍼져 나갔다. 역설적이었던 것은, 내 설교가 타고나간 전파가 이전에는 르완다에서 인종 학살을 선동하는 데 사용된 전파였다는 것이다.

그곳 목사들과의 컨퍼런스는 내 생애에서 가장 중요한 사건 중에 하나였다. 나는 부룬디의 각 민족들이 서로 화해하기 위해서는 먼저 영적 지도자들끼리 화해해야 한다고 강조했다. 그러려면 자기에게 해를 입힌 자들까지 용서해야 했다. 그들 중에는 가족이 살해당한 경우도 많았기 때문에, 쉬운 요구가 아니라는 건 나도 잘 알고 있었다.

그런데 갑자기 몇몇 사람들이 울기 시작했다. 내 생전에 들어본 적이 없는 마음 깊은 곳에서 우러나는 울음소리였다. 그 울음이 점점 퍼져 나가더니 마침내 모두가 통곡을 했다. 그러다가 갑자기 그들 사이에서 믿을 수 없는 놀라운 웃음이 터져 나왔고, 노래하며 춤을 추기 시작했다. 심지어 부통령까지도 춤을 추었다! 그날 우리는 기적을 목격했다. 대통령과 내각은 하나님이 그들에게 주신 메시지를 조심스럽게 받아들였고, 그들의 능력 안에서 할 수 있는 한 화해를 권장하면서, 전 부족이 동등한 경제적 기회를 얻을 수 있도록 조치했다. 물론 나와 우리 팀도 안전하게 뉴욕으로 돌아왔다.

하나님은 절대로 우리를 실망시키거나 버리지 않겠다고 약속하셨다. 그러므로 우리는 아무리 마음속에 두려움이 몰려오더라도 믿음으로 하나님을 기다리며 그분의 목소리에 순종하기를 배워야 한다. 부룬디에서 나는 하나님이 내게 지시하신 것을 믿고 온전히 따라야 함을 깨달았다. 내가 엄청난 두려움에 흔들렸던 그날 밤에도 그래야 한다는 걸 알았다.

하지만 우리는 사무엘상을 통해 사울이 그 상황에서 하나님의 말씀을 제대로 깨닫지 못했음을 보게 된다. 안타까운 일이다. 사울은 두려움 때문에 또다시 다른 목소리를 청종했다. 주님은 사울에게 또 한 번 분명하게 지시하셨다.

"지금 가서 아말렉을 쳐서 그들의 모든 소유를 남기지 말고 진멸하되 남녀와 소아와 젖 먹는 아이와 우양과 낙타와 나귀를 죽이라"삼상 15:3.

사울과 이스라엘 백성은 아말렉을 진멸하긴 했지만, 아각 왕과 최상품 가축들은 살려 두었다. 사무엘이 사울을 다그치자 사울은 주님의 목소리에 순종했다고 두 번이나 주장하다가 마침내 이렇게 인정했다.

"내가 범죄하였나이다. 내가 여호와의 명령과 당신의 말씀을 어긴 것은 내가 백성을 두려워하여 그들의 말을 청종하였음이니이다"삼상 15:24.

두려움은 바로 이런 행동을 유발한다. 두려움 때문에 우리는 하나님의 목소리 대신 다른 목소리를 듣게 되고, 결국은 그 목소리를 따르게 된다. 그리하여 두려움과 믿음이 묘하게 뒤섞이는 결과를 초래한다. 사울은 하나님과 동행하는 여정에서 두려움과 믿음이 그의 동등한 동반자가 되는 바람에 하나님의 목소리에 순종하지 못했다.

그리스도인들 중에도 삶 속에서 두려움과 믿음이 거의 동등하게 작용하는 사람들이 많다. 주일에는 믿음이 충만하다가도 월요일에는 두려움으로 가득하다. 그러다 화요일에는 다시 믿음으로 충만해졌다가 수요일이 되면 다시 두려움에 사로잡히는 삶…. 이런 삶을 사는 사람들은 하나님이 하시는 말씀을 들으면서도, 동시에 다른 목소리들에 귀가 솔깃한다. 많은 사람이 이런 두 마음을 견디지 못해서 결국 믿음의 여정을 승리로 마감하지 못한다. 예수님도 말씀하셨듯이, "스스로 분쟁하는 나라마다 황폐하여지며 스스로 분쟁하는 집은 무너진다"눅 11:17.

믿음이 있는 사람은 절대로 두려움에 이끌려 결정하지 않는다. 물론 두려움을 전혀 겪지 않는 건 아니지만, 그렇다고 해서 두려움의 인도를 받으면 절대 안 된다. 하나님은 우리에게 매우 확실한 가르침과 약속을 주셨다. 따라서 우리는 믿음으로 인도함을 받아야 한다. 우리가 주님과 동행하는 어느 시점에서는 주님의 말씀이 우리 마음속에서 일어나는 두려움보다 앞서야 한다. 우리는 하나님을 믿음으로써 우리 삶 가운데 하나님이 그분 자신을 신실하게 나타내시도록 해야 한다.

가만히 서서 구원을 보라

당신도 요즘 두려움에 이끌려 잘못된 생각들을 품고 있을 수 있다. 그런 생각들은 결국 하나님의 신실하심에 대해서도 잘못된 결론을 내리게 한다. 하나님이 당신을 어디로 어떻게 인도하실지에 관해서 말이다. 이런 잘못된 결론들은 잘못된 행동으로 발전하기 전에 해결하는 게 중요하다. 잘못된 행동은 쉽게 생활 습관으로 굳어질 수 있기 때문이다.

우리의 삶 속에서 이렇게 잘못된 사고, 잘못된 결론, 잘못된 행동이 일어나는 것을 주님은 어떻게 막아 주실까? 나는 하나님이 그분의 말씀으로, 그것도 매우 단순한 말씀으로 막아 주신다고 믿는다. 때로는 그 말씀 하나가 전부일 때도 있다. 문제는 우리가 그 말씀을 정말로 믿느냐 하는 것이다.

> "모세가 백성에게 이르되 너희는 두려워하지 말고 가만히 서서 여호와께서 오늘 너희를 위하여 행하시는 구원을 보라" 출 14:13.

모세는 백성들에게 두려움이 그들을 인도하고 다스리게 하지 말라고 경고하고 있다. 두려움에 근거해서 생각을 정리하거나 하나님에 대한 이미지를 왜곡하지 말라는 것이다. 대신 가만히 서서 여호와의 구원을 보라고 강권한다.

이 단어들을 원문으로 보면 정말 놀랍다. 여기서 '보다'라는 단어는 '라아'ra'ah로서 '지성적으로 보다, 뭔가를 관망하다, 듣다, 경험하다, 즐기다, 신뢰하는 자세를 갖다'라는 의미를 지닌다. 많은 사람들이 문제에 빠지는 이유는 하나님이 뭐라고 말씀하시는지 알기도 전에 결정을 내리기 때문이다. 그들은 하나님이 이렇게 말씀하시는 소리를 못 듣는다.

"그만하여라! 말도 그만하고 전화도 그만 끊어라. 사람들의 의견도 그만 물어보아라. 이제는 나한테 돌아와서 가만히 있어라. 내가 너에게 뭔가를 보여 주고 들려주고 경험하게 해주어서 네가 신뢰의 자리에 든든히 서게 해주겠다. 너는 가만히 서서 내 구원을 보아라!"

하나님은 나에게도 종종 이렇게 말씀하셔야 했다. 계속해서 일이 터지고, 결정을 내려야 하고, 작은 재난들이 몰려오고, 사방팔방에서 이런저런 목소리들이 들려올 때, 주님은 내 마음에 이렇게 말씀하셨다.

"그만! 다 그만 두고 앉아서 성경을 펼치렴. 그리고 읽어봐. 한 번 더 가만히 서서 내 구원을 보아라. 뭘 해야 할지 잘 모를 때는 아무 결정도 내리지 말고."

재미있는 사실은 '구원'이라는 단어가 히브리 원어로 '예수아'Yeshua라는 것이다. 예수아는 '우리가 처한 상황 밖에서 오는 곤경으로부터 건져 준다'는 의미다. 하나님은 말씀하신다.

"나에게는 너를 건져 줄 자가 있는데, 그의 이름은 예수다. 가만히 서서 그 예수를 보아라!"

가만히 서서 하나님이 당신에게 누구를 붙여 주셨는지 깨달으라. 하나님의 승리를 보라. 예수 안에 있는 하나님의 승리의 능력을 보라는 말이다. 그 능력을 보고 하나님을 신뢰하라!

바다가 갈라지다

모세가 백성에게 가만히 서서 하나님의 구원을 보라고 강권한 뒤에 "바다 위로 손을 내밀매 여호와께서 큰 동풍이 밤새도록 바닷물을 물러가게 하시니 물이 갈라져 바다가 마른 땅이" 되었다 출 14:21. 하나님이 태초에 이미 말씀으로 물과 물을 나누시고 궁창 아래의 물과 궁창 위의 물을 나누셨던 것을 기억하라 창 1:6-7. 다시 말해서, 우리가 가만히 멈춰 서서 하나님의 말씀으로 돌아오면, 하나님은 위에서 온 생각과 아래에서 온 생각을 구분해 주신다. 하늘에 속한 지혜가 있는가 하면 땅에 속한 생각이 있다. 진리와 승리를 주는 지혜가 있는가 하면 두려움과 실패를 가져오는 인간적인 생각이 있다.

우리가 멈춰 서서 하나님의 말씀으로 돌아올 때, 바다가 갈라지는 '큰 분리'를 경험하며 이렇게 고백하게 된다.

"아하! 하나님은 나의 생각과는 다르게 말씀하시는구나. 내가 두려움 때문에 잘못된 사고에 휘둘렸다는 걸 이제 알겠어. 그로 인해 내가 잘못된 결론에 도달하면 결국 잘못된 행동들을 하게 되지. 하지만 이제는 하나님이 내게 하시는 말씀이 들려. '두려워하지 말고 가만히 서서 여호와께서 오늘 너희를 위하여 행하시는 구원을 보라'는 말씀이."

이스라엘 자손은 홍해 한가운데서 마른 땅을 밟았으며, 그때 바닷물은 그들 양쪽에서 벽이 되었다. 이스라엘 백성이 바다가 마르고 물이 벽처럼 쌓이는, 이 불가능의 장소를 지나가는 모습을 하나님의 보호하심의 상징이라고 볼 수 있지 않을까? 우리가 하나님의 말씀 안에 머무를 때, 하나님은 현재 우리가 겪고 있는 이 상황으로부터 안전하게 반대편으로 인도할 거라고 약속하신다. 그분의 말씀이 우리의 양쪽에서 보호벽이 되어 줄 거라고 약속하신다. 하나님과 함께 걷는 여정에서 지옥의 권세가 절대로 우리를 따라오지 못할 거라고 약속해 주신 것이다.

우리는 두려움이 마음 안에 자리잡지 못하게 하고, 원수가 우리 생각 속에 심어 주고 싶어 하는 왜곡된 하나님의 이미지를 거부해야 한다. 우리가 하나님의 말씀 안에 잠잠히 서 있으면, 주님은 신실하게 우리의 두려움을 물리쳐 주시고 우리를 쫓아오는 원수들을 모두 물에 잠기게 해주실 것이다. 그리고 비로소 우리는 두려움이 아니라 믿음으로 이 여정을 걸을 수 있다는 걸 알게 될 것이다.

5장
두려움도 하나님의 약속은
깨지 못한다

†

"이 후에 여호와의 말씀이 환상 중에 아브람에게 임하여 이르시되 아브람 아 두려워하지 말라. 나는 네 방패요 너의 지극히 큰 상급이니라" 창 15:1.

성경에서 "두려워하지 말라"는 말씀은 주님과 아브라함과의 이 만남에서 처음으로 등장한다. '이 후에' 주님께서 이 말씀을 하셨다는 게 의미심장하다.

그 답을 찾기 위해 이 시점 이전에, 그러니까 아브라함이 가나안으로의 여정을 시작한 이후에 어떤 일들이 있었는지 살펴보도록 하자. 그러면 "두려워하지 말라"는 말 속에서 또 다른 차원의 자유를 발견할 것이다.

"여호와께서 아브람에게 이르시되 너는 너의 고향과 친척과 아버지의 집을 떠나 내가 네게 보여 줄 땅으로 가라. 내가 너로 큰 민족을 이루고 네게 복을 주어 네 이름을 창대하게 하리니 너는 복이 될지라. 너를 축복하는 자에게는 내가 복을 내리고 너를 저주하는 자에게는 내가 저주하리니 땅의 모든 족속이 너로 말미암아 복을 얻을 것이라 하신지라"창 12:1-3.

얼마나 놀라운 명령인가! 하나님은 아브라함을 부르셔서 그의 민족, 그의 땅, 그에게 익숙한 모든 것을 떠나 알지 못하는 곳으로 가라고 명령하셨다. 이 명령과 함께 아브라함을 축복하시고 그를 통해 많은 사람을 축복하겠다는 약속도 동시에 주셨다. 오늘 당신에게도 하나님이 나타나셔서 이와 비슷한 명령을 하시는 상황을 상상할 수 있겠는가? 사실 하나님은 그리스도 안에서 이미 그렇게 하셨다. 하나님은 당신을 타락한 세상에서 불러내어 그의 빛 가운데로 들어오게 하셨고, 아브라함에게 주셨던 약속들은 이제 그리스도 안에서 당신의 것이 되었다.

아브라함은 순종과 믿음으로 아내와 조카를 데리고 약속의 땅으로 길을 떠났다. 마찬가지로 당신과 나도 우리 앞에 놓여 있는 놀라운 약속과 더불어 이 여정을 시작했다. 하나님이 우리에게 새 마음, 새 지성, 새 영과 새 방향성을 약속하셨다는 것도 성경을 통해서 이미 알고 있다. 우리는 하나님이 이 땅에서 우리에게 바라시는 하나님의 백성의 모습이 될 것을 확신한다. 그리고 그 모습은 우리 각자의 삶 속에서 드러나야 한다.

하지만 아브라함은 여정을 시작한 지 얼마 안 되어 끔찍한 두려움을 느꼈다. 그는 가나안까지 왔고 하나님이 그에게 약속하신 땅의 경계 안으로 들어왔다. 하지만 그 약속의 땅에 심한 기근이 들었다. 아마도 먹을 게 없을지도 모른다는 두려움 때문이었겠지만, 아브라함은 결국 가나안을 떠나 애굽으로 내려갔다. 그러나 이번에는 아리따운 아내 때문에 목숨을 잃을지도 모른다는 두려움이 그를 사로잡았다.

당시 이방 나라의 왕들은 아름다운 여인을 보면 궁전으로 데려가는 게 일반적인 풍습이었다. 그녀가 이미 결혼을 했다는 것은 문제도 아니었다. 남편만 죽여 버리면 순식간에 그녀는 다시 결혼할 수 있는 조건이 되는 시대였던 것이다. 사라와 함께 애굽으로 들어간 아브라함은 이런 풍습을 잘 알고 있었기에, 목숨을 잃을까 봐 겁이 나서 한 가지 꾀를 냈다.

"사라, 내 말 좀 들어 봐요. 저들에게는 당신이 그냥 내 누이라고 말해 줘요. 그러면 나도 안 죽고 당신도 안전할 거예요."창 12:11-13

아브라함은 두려움에 굴복하고 말았다. 여기서 우리는 두려움의 가장 저변에 깔려 있는 실체를 보게 되는데, 그것은 바로 안전에 대한 두려움이다. 우리는 먹을 게 충분치 못할까 봐 두려워하고, 월세를 못 낼까 봐 두려워한다. 그리고 이 모든 두려움의 뿌리는 바로 죽음에 대한 두려움이다.

하나님의 도우심으로 아브라함과 사라는 결국 애굽을 떠났고, 그와 조카 롯은 이내 엄청나게 많은 가축을 거느리게 되어 두 사람이 가까이 살기에는 땅이 좁을 지경이 되었다. 그러자 아브라함과 롯의 목동들 사이에 다툼이 생겼고, 결국 아브라함은 가족인 롯과 결별하는 아픔을 맛보았다 창 13:5-12. 어쩌면 당신도 비슷한 경험을 했을 것이다. 당신이 그리스도를 믿게 되면서 가족들, 또는 한때 당신이 가족처럼 생각했던 사람들이 당신을 거부하고 자기의 길을 갔을지도 모른다. 그로 인해 당신은 그 관계에서 실패했다는 두려움이 싹텄을 수도 있다.

나중에 아브라함은 소돔과 고모라를 약탈한 이방 왕들에게 사로잡힌 롯을 구하기 위해 작은 전쟁을 치렀다. 그는 집에서 훈련시킨 남자들 수백 명을 무장시켜서 그 왕들을 뒤쫓아갔다 창 14:11-14. 우리도 때로는 원수에게 사로잡힌 가족을 구하기 위해 싸움에 뛰어들 때가 있다. 그럴 때 가족들의 실패에 낙심하기가 얼마나 쉬운가? 하나님이 우리 가족들과 관련해서 말씀하신 약속들이 이루어지지 않을까 봐 두려워하기도 한다.

그러나 '이 후에' 하나님은 아브라함에게 나타나셔서 이렇게 말씀하셨다.

"두려워하지 말라. 나는 네 방패요 너의 지극히 큰 상급이니라"
창 15:1.

다시 말하면 "너에게 일어난 이 모든 일들에도 불구하고, 내가 하겠다고 말한 것을 나는 반드시 행한다. 내 약속은 아직 유효하다!"라고 말씀하신 것이다.

약속이 위험에 처할지라도
아브라함은 '믿음의 조상'이지만, 그렇다고 허물 하나 없는 사람은 아니었다. 성경이 이런 일들을 모두 기록했다는 게 감사하다. 아무리 위대한 인물일지라도 그들이 종종 두려움에 빠졌다는 사실은 오늘날 우리에게 소망을 주기 때문이다. 그리고 더 중요한 것은, 비틀거리고 실패할 때 하나님의 성품과 자비를 엿볼 수 있다는 사실이다.

아브라함은 사라에게 둘의 관계에 대해 거짓말을 하고 그저 누이인 척하라고 말함으로써, 간접적으로는 하나님의 약속이 성취되지 못할 수도 있는 상황을 조성한 셈이었다. 두려움이 하는 역할이 바로 이런 것이다! 아브라함은 아들을 얻으리라는 약속을 받았고, 그 아들을 통해서 하늘의 별처럼 많은 후손들이 나타날 예정이었다. 또한 그들은 이스라엘의 족장들이 될 것이고, 후에는 예수 그리스도와 그분의 교회로 이어질 것이었다. 물론 이 약속이 성취되려면 그 생명의 씨는 아내인 사라를 통해서 나와야 했다. 하지만 두려움에 사로잡히는 순간, 아브라함은 자기 아내를 그 약속이 성취될 수 없는 장소로, 즉 다른 왕의 궁전으로 밀어 넣었다.

바로의 궁정문 밖에 서서 애통해하고 있는 아브라함의 모습이 눈에 선하다.

"아, 하나님, 제 두려움 때문에 당신의 약속을 잊었습니다."

바로 그때 사탄은 마지막 계략을 슬며시 들이댄다.

"그래, 넌 약속을 받았었지. 하지만 그걸 잊었어. 네가 포기하는 바람에 다른 사람이 그걸 잡았지. 넌 그 약속을 다시는 돌려받을 수 없어."

그 당시 바로는 지구상에서 가장 막강한 군사력을 휘두르던 군주였다. 바로의 궁전은 수백 명의 호위병들이 지키고 있었을 것이다. 아브라함이 사라를 다시 데려올 길은 전혀 없었다. 그리고 사라가 없이는 약속의 성취도 없을 것이었다. 그런 와중에 사탄은 끊임없이 그를 조롱했으리라.

"아브라함, 안됐군. 그냥 집으로 돌아가. 갈대아 우르로 돌아가라고. 다 포기해 버려! 어쨌든 너는 두려움 때문에 약속을 깨버렸잖아."

물론 이야기는 이대로 끝나지 않는다.

"여호와께서 아브람의 아내 사래의 일로 바로와 그 집에 큰 재앙을 내리신지라"창 12:17.

모든 사람이 갑자기 끔찍한 병에 걸리자 바로의 궁전에서는 얼마나 놀랐겠는가!

"바로가 아브람을 불러서 이르되 네가 어찌하여 나에게 이렇게 행하였느냐. 네가 어찌하여 그를 네 아내라고 내게 말하지 아니하였느냐. 네가 어찌 그를 누이라 하여 내가 그를 데려다가 아내를 삼게 하였느냐. 네 아내가 여기 있으니 이제 데려가라"창 12:18-19.

그뿐만 아니라 바로는 아브라함에게 준 양과 소와 남종과 여종들을 모두 딸려 보내 주었다!

아브라함의 인생을 향한 하나님의 계획은 꺾이지 않았다.

비록 아브라함은 두려움에 무릎을 꿇었지만 그래도 사라는 온전하게 되돌아왔다. 지옥처럼 보이던 문이 갑자기 활짝 열리더니, 사라와 하나님의 약속이 전과 똑같이 아름다운 모습으로 돌아왔다. 아브라함의 마음이 얼마나 기쁨으로 소용돌이쳤을까! 뿐만 아니라 앞으로의 여정에 필요한 가축과 그 밖의 모든 것까지 풍성하게 얻었으니, 아브라함은 기뻐 뛰며 춤추었을 것이다.

아브라함은 모르고 있었지만, 이제 곧 하나님이 직접 방문하실 예정이었다. 그리스도가 그의 장막에 와서 이렇게 말씀하실 것이었다.

"이제 약속이 성취될 때가 되었다. 내년 이맘 때 너는 아들을 얻을 것이며, 아이의 이름은 '웃음'이삭이 될 것이다. 네가 주님의 기쁨으로 충만케 되어 웃을 일밖에 없을 테니 말이다."

창 18:9-10, 21:6

하나님의 약속은 여전히 유효하다

어쩌면 현재 당신의 가장 큰 두려움은 하나님을 실망시켰다는 것, 그래서 이제 당신의 삶을 향한 하나님의 계획이 축소되었다는 생각일지도 모른다. 하지만 당신이 어떤 실패를 했건, 두려움의 목소리를 쫓아 하나님의 약속이 이루어지지 않을 것

같은 자리에까지 왔건, 담대하라! 이 모든 일 후에 하나님이 당신에게 하시는 말씀이 있으니, 바로 "두려워하지 말라!"는 것이다. 하나님의 약속은 여전히 유효하다.

우리는 이 확신을 스스로에게 되새겨야 한다. 특히 삶에서 실패를 경험할 때는 더더욱 그렇다. 하나님은 거짓말을 못 하신다. 따라서 성경에 있는 모든 약속은 그리스도를 믿는 우리의 것이다. 그렇기 때문에 우리는 하나님의 말씀이 우리 생각이 될 때까지 말씀을 읽고 묵상해야 한다. 우리가 그리스도 예수 안에서 누구인지 깨달을 때까지 읽고 묵상해야 한다. 사탄은 우리에게 거짓말을 쏘아 댈 것이다. 우리는 하나님이 말씀하시는 그런 존재가 아니라는 거짓말, 하나님은 우리에게 약속을 성취할 수 있다고 말씀하셨지만 우리는 결국 성취하지 못할 거라는 거짓말을 퍼부을 것이다. 하지만 하나님은 이런 거짓말을 막아 주시는 방패이시다. 주님도 우리에게 다시 한 번 이렇게 말씀하신다.

"나는 너의 방패일 뿐만 아니라 약속을 네 삶에 심어 준 장본인이다. 나는 내가 말한 것을 반드시 행한다."

이것이야말로 복음의 기적이며, 예수 그리스도의 교회의 지체된 우리가 누리는 경이로움이다. 하나님이 우리를 위해 행하시기로 결심하신 것을 우리의 지혜와 전략을 동원해 힘껏

해내고자 애쓸 때, 하나님도 우리를 도우신다.

물론 순간적으로 두려움에 마음을 뺏길 때도 있을 것이다. 하지만 마음 깊은 곳에서는 우리가 누구를 믿고 있는지 알고 있고, 우리가 하나님께 헌신한 것은 하나님이 지켜 주신다는 것도딤후 1:12 알고 있다. 우리가 넘어질지라도 하나님은 아브라함에게 하셨듯이 우리를 다시 일으켜 주실 것이다.

그러므로 당신이 아무리 실패해도, 하나님의 계획은 지금도 당신의 삶 속에 여전히 진행 중임을 기억하기 바란다. 하나님은 당신의 '사라'를 돌려주실 것이다. 다시 한 번 당신의 마음속에서 하나님의 약속이 살아 숨 쉬게 하실 것이고, 그것을 통해 당신은 이 세대 가운데 하나님을 영화롭게 할 것이다. 그러니 두려워하지 말라. 당신이 아무리 크게 실패해도 하나님의 약속은 여전히 유효하다.

6장
하나님이 능력을 주실 것을 신뢰하라

"하나님이 우리에게 주신 것은 두려워하는 마음이 아니요 오직 능력과 사랑과 절제하는 마음이니" 딤후 1:7.

다윗이 골리앗을 쓰러뜨릴 때 사용한 것이 작은 돌멩이 하나뿐이었듯, 때로 눈앞에 닥친 문제를 해결할 때 우리에게 필요한 것도 돌멩이처럼 작은 것일 때가 많다. 오래전 두려움이라는 거인을 대적할 때, 내게는 "하나님이 우리에게 주신 것은 두려워하는 마음이 아니요 오직 능력과 사랑과 절제하는 마음이니" 딤후 1:7라는 말씀이 전부였다.

두려움에 사로잡혀 꼼짝 못할 수도 있었던 그 시기에 나는 이 구절 덕분에 계속 앞으로 전진할 수 있었다. 이 말씀은 당시에도 위력이 있었지만, 그 안에 담긴 놀라운 진리를 더 깊이 깨닫게 된 지금은 그 위력을 더 크게 느낀다. 하나님의 자녀인 우리는 두려움 속에 살 필요가 없다. 두려움은 절대로 하나님에게서 온 영이 아니기 때문이다.

능력의 영, 살리는 영

사람들은 그리스도가 가진 능력은 원하지만 그분이 가신 길은 원치 않는다. 정말 아이러니한 일이다. 그들은 자신의 자원과 능력을 남을 돕는 데 사용하시는 그리스도를 따르고 싶어 하지 않는다. 하지만 예수님을 따르는 길은 자기희생의 길일 수밖에 없다는 걸 곧 깨닫게 될 것이다. 많은 사람이 성경적인 예수님을 따르다가 포기하고 돌아서는 갈림길이 바로 이 지점이다.

성경을 보면 수많은 무리가 예수님께 나아왔는데, 그 이유는 그들이 배고플 때 예수님이 먹여 주셨기 때문이다. 또 권력을 원하던 사람들은 예수님이 로마 제국을 전복시키실 것을 기대하고 그분께 나아왔다. 하지만 예수님이 그들에게 요구하신 것은 이제 곧 그분의 삶에서 펼쳐질 하나님의 대의에 온전히 헌신하는 것이었다. 예수님은 무리에게 말씀하셨다.

"살리는 것은 영이니 육은 무익하니라. 내가 너희에게 이른 말은 영이요 생명이라" 요 6:63.

다시 말해서 "내가 너희에게 하는 말은 너희에게 생명을 주고, 너희를 이끌고, 어려운 시절을 통과할 때 너희를 지탱하고 지켜 준다는 것이다"라는 말씀이다. 예수님은 또 이렇게 덧붙이셨다.

"그러나 너희 중에 믿지 아니하는 자들이 있느니라. … 믿지 아니하는 자들이 누구며 자기를 팔 자가 누구인지 처음부터 아심이러라"요 6:64.

예수님을 따르는 대가가 무엇인지 깨닫자 많은 사람이 예수님께 등을 돌리고 더 이상 예수님과 함께 다니지 않았다. 우리 시대에도 마찬가지라고 나는 확신한다. 그리스도의 진리가 선포될 때, 많은 사람이 자기에게 하나님의 생명의 대변자가 되려는 마음이 없음을 깨달을 것이다. 갑자기 하나님이 그리 매력적으로 보이지도 않을 것이다. 하나님이 요구하시는 헌신은 그들을 십자가로 데려가기 때문이다.

성경은 사람들이 '종교'를 포기했다고 말하지 않는다. 그들은 종교가 아니라 '예수 그리스도'를 포기한 것이다. 다시 말해 그들은 "경건의 모양은 있으나 경건의 능력은 부인하는"딤후 3:5 자들이다. 그들은 종교라는 형식으로 돌아갔으며, 아마도 전보다 더 열심을 냈을 것이다. 하지만 그런 건 전혀 능력이 없다. 그들은 능력 없는 찬양, 능력 없는 묵상, 능력 없는 기도의 삶으로 돌아갔다. 왜냐하면 그들은 그리스도를 따르는 삶이 어떤 모습인지 그 실체를 직면했기 때문이다.

이 마지막 때에는 온 사방에서 종교가 들고일어날 것이다. 느낌 좋은 종교, 그것이 이 시대의 대표 종교가 될 것이다.

"나도 괜찮고 너도 괜찮고 우리 모두 괜찮으니까, 모든 게 괜찮을 거야!"

그러나 사실 그들은 참된 삶과 하나님의 능력에 대해 마음 문을 닫은 것이다. 그들에게는 경건의 모양만 있을 뿐 복음이 말하는 모든 것, 바로 사람을 변화시키는 하나님의 능력은 부인하는 것이다.

반면에 사도 바울은 어떤 값을 치르든 그리스도의 길을 따르기로 결연히 작정한 사람이었다. 바울과 그의 동료들이 가이사랴에 있을 때 아가보라는 선지자가 바울의 허리띠를 가져와서 자기 손발을 묶고는 이렇게 말했다.

"성령이 말씀하시되 예루살렘에서 유대인들이 이같이 이 띠 임자를 결박하여 이방인의 손에 넘겨주리라" 행 21:11.

이 예언을 보고 들은 바울의 주변 사람들은 그에게 예루살렘으로 가지 말라고 애원했다. 하지만 바울은 그들에게 이렇게 대답했다.

"나는 주 예수의 이름을 위하여 결박당할 뿐 아니라 예루살렘에서 죽을 것도 각오하였노라"행 21:13.

그가 계속 고집을 꺾지 않았으므로 주변 사람들은 결국 "주의 뜻대로 이루어지이다"행 21:14라고 말했다. 후에 주님은 바울에게 말씀하셨다.

"담대하라. 네가 예루살렘에서 나의 일을 증언한 것같이 로마에서도 증언하여야 하리라"행 23:11.

그리고 바울이 큰 풍랑을 만나, 마치 오늘날의 우리 사회처럼 배가 완전히 부서졌을 때에도 하나님은 말씀하셨다.

"바울아 두려워하지 말라. 네가 가이사 앞에 서야 하겠고"행 27:24.

하나님은 이렇게 말씀하신 것이다.

"너는 쇠사슬에 묶인 채로 이 땅의 지배자와 스스로 권세 있다 하는 자들 앞에 서게 될 것이다. 하지만 실제로 그들에게는 권세가 없다. 너는 그들 앞에서 나를 증거하는 증인이 될 것이다."

물론 전혀 마음이 끌리지 않는 임무였지만, 그것이 바울의 인생을 향한 하나님의 뜻이었다.

바울은 하나님의 뜻을 기쁘게 받아들였기 때문에 능력의 영을 받았고 풍랑 속에서도 담대히 서서, 두려워하는 선원들까지 위로할 수 있었다.

"이제는 안심하라. 너희 중 아무도 생명에는 아무런 손상이 없겠고 오직 배뿐이리라. 내가 속한 바 곧 내가 섬기는 하나님의 사자가 어젯밤에 내 곁에 서서 말하되 바울아 두려워하지 말라. … 하나님께서 너와 함께 항해하는 자를 다 네게 주셨다 하였으니 그러므로 여러분이여 안심하라. 나는 내게 말씀하신 그대로 되리라고 하나님을 믿노라"행 27:22-25.

주님은 배 안에 있던 사람 276명을 바울에게 붙여 주셨다. 그가 풍랑 속에서도 자신의 목숨을 잃을까 봐 두려워하지 않고 하나님의 뜻을 붙들었기 때문이다.

예수님은 제자들에게 이렇게 설명하셨다.

"나의 양식은 나를 보내신 이의 뜻을 행하며 그의 일을 온전히 이루는 이것이니라" 요 4:34.

다시 말해서 "나에게는 너희가 아직 모르는 능력의 근원이 있단다. 내 능력은 하나님의 뜻을 행하는 데서 나온다. 그것이 바로 나를 먹여 살리는 힘이다. 그 힘으로 나는 아침에 잠에서 깨어나고, 그날 내가 겪을 일들에 휘둘리지 않는단다. 하나님의 뜻을 행함으로 나는 조롱과 거절과 나를 반대하는 목소리를 견딜 힘을 얻는다"고 하신 것이다. 계속해서 예수님은 말씀하셨다.

"너희는 넉 달이 지나야 추수할 때가 이르겠다 하지 아니하느냐. 그러나 나는 너희에게 이르노니 너희 눈을 들어 밭을 보라. 희어져 추수하게 되었도다. 거두는 자가 이미 삯도 받고 영생에 이르는 열매를 모으나니 이는 뿌리는 자와 거두는 자가 함께 즐거워하게 하려 함이라" 요 4:35-36.

우리는 "부흥이 가까이 왔다", "추수 때가 이르렀다"라고 얼마나 자주 말하는가? 예수님 말씀에 따르면 부흥은 우리 곁에 이미 와 있고, 추수할 준비도 다 되었다. 삯이란 공급하심을 말한다. 즉, 우리가 추수하러 나가 하나님의 일을 행하면, 필요한 힘과 능력을 공급받는다는 의미다. 하나님은 이 땅의 물리적 성전인 우리 안에 거하시면서 인류를 구속하시는 하나님의 사역을 우리가 계속할 수 있도록 힘을 주신다.

하나님은 우리 각 사람에게 이런 능력의 영을 주고 싶어 하신다. 진정한 우리 자신이 될 수 있는 능력 말이다. 하나님은 우리에게 힘도 주시지 않으면서 부르심에 합당한 존재가 되라고 하시지 않는다. 하지만 우리가 이 땅에서 하나님의 목적을 위해 살기 전까지는 하나님의 충만한 능력을 절대로 체험하지 못할 것이다. 그 외 다른 데서는 하나님의 참된 능력을 발견할 수 없기 때문이다.

많은 이들이 능력 있는 삶의 비결을 배우려고 책도 많이 읽고 세미나에도 참석한다. 그러나 궁극적으로 하나님의 참된 능력을 발견할 수 있는 길은 잃어버린 자들에게 나아가는 것이다. 우리가 하나님의 목적과 주변 사람들을 위해 우리 자신을 내어 주기로 결심만 하면, 그 능력의 영이 우리 삶 속에서 왕성하게 역사할 것이다. 또한 성령께서 우리 주변 사람들을 향한 말씀을 우리에게 주실 것이다. 그때 우리는 폭풍우 속에서도 건재할 것이며 많은 목숨을 건질 것이다.

사랑의 영, 두려움을 내쫓는 영
우리는 능력의 영뿐만 아니라 사랑의 영도 받게 된다. 사랑은 하나님의 사역이다.

> "하나님이 세상을 이처럼 사랑하사 독생자를 주셨으니 이는 그를 믿는 자마다 멸망하지 않고 영생을 얻게 하려 하심이라"요 3:16.

하나님께 자신을 드린 자들의 마음에서는 순전한 하나님의 사랑이 흘러나온다. 바울이 출항하지 말라던 자신의 경고를 무시했던 자들을 위로할 수 있었던 이유는 사랑의 영을 받았기 때문이다. 나중에 바울은 인생의 끝자락에서 디모데에게 이렇게 썼다.

> "너는 내가 우리 주를 증언함과 또는 주를 위하여 갇힌 자 된 나를 부끄러워하지 말고 오직 하나님의 능력을 따라 복음과 함께 고난을 받으라"딤후 1:8.

여기서 '부끄러워하다'는 '낯을 붉히거나 구석에 숨는다'는 의미가 아니다. 이 단어는 '휘둘린다, 정복당한다'는 의미다. 다시 말해서 '네 앞에 놓인 것들에 휘둘리지 말라, 정복당하지 말라, 그것 때문에 등 돌리지 말라'는 뜻이다.

바울은 이미 자기 생의 끝이 임박했음을 알고 감옥에서 디모데에게 편지를 썼다. 그가 디모데에게 준 마지막 가르침은 다음과 같다.

"고난 때문에 돌아서지 마라. 네 자신을 위해 안전한 안식처를 찾는 데 인생을 쓰지 마라. 그것은 두려움만 가중시킨다. 그보다는 네 자신을 하나님의 역사에 드려라. 다른 사람들을 위해서, 하나님의 영광을 위해서 무슨 일을 겪든 감수해라."

바울은 "사랑은 자기의 유익을 구하지 아니하며"고전 13:5라고 썼다. 그는 참 사랑의 진리를 이해했다. 그는 자기의 유익을 구하지 않고 다른 사람을 위해서 살 때 인생의 두려움에서 자유를 얻는다는 것을 알았다. "사랑 안에 두려움이 없기"요일 4:18 때문이다.

반대로, 이기심에는 두려움이 따른다. 예수님이 제자들에게 호수 반대편으로 건너가자고 말씀하신 후, 그들과 함께 배에 오르셨던 그날 저녁을 기억해 보라. 갑자기 풍랑이 몰아쳐서 배에 물이 차기 시작하자 제자들은 공포심에 사로잡혔다.

예수님이 배 뒤편에서 주무시는 걸 본 그들은 예수님을 깨우고 원망하기 시작했다.

"선생님이여 우리가 죽게 된 것을 돌보지 아니하시나이까"막 4:38.

제자들은 너무나 두려운 나머지, 다른 작은 배들도 그들과 함께 호수를 건너고 있다는 사실을 까맣게 잊고 있었다막 4:36. 그들의 배에는 예수님까지 타고 계셨는데 말이다! 마찬가지로 우리도 어떤 풍랑을 겪든 우리와 같은 풍랑을 겪고 있는 사람들이 많다는 사실을 깨달아야 한다. 하지만 우리의 삶, 우리의 배 안에는 구세주가 계신다. 우리는 절대로 물에 빠지지 않는다. 우리는 안전히 반대편에 가닿을 거라는 하나님의 말씀을 받았다. 그러므로 우리는 스스로 살기 위해 걱정할 필요가 없다. 대신에 잃어버린 자들을 구원하시는 하나님의 사역을 자유로운 마음으로 감당해야 한다. 우리가 자신에게서 눈을 돌려 하나님의 사역에 뛰어들 때, 우리는 두려움의 영에 내몰리지 않고 사랑의 영으로 힘을 얻는다.

예수님은 십자가에 못 박히시기 며칠 전에 자신의 죽음을 은연중에 말씀하셨다.

"지금 내 마음이 괴로우니 무슨 말을 하리요. 아버지여 나를 구원하여 이때를 면하게 하여 주옵소서. 그러나 내가 이를 위하여 이때에 왔나이다. 아버지여, 아버지의 이름을 영광스럽게 하옵소서" 요 12:27-28.

우리는 풍랑이나 시험 가운데 있을 때, 주님을 향해 계속해서 "구해 주세요!"라고 부르짖는다. 하지만 예수님은 십자가의 죽음 앞에 직면하셨을 때 두려워서 물러서거나 목숨을 부지하려 하지 않으셨다. 대신에 사랑의 영으로 온 인류를 위해 기꺼이 십자가로 향하셨다. 마찬가지로, 우리가 하나님의 뜻을 받아들일 때, 우리는 두려움에서 벗어나 하나님의 사역에 뛰어들게 되고, 그 사랑의 영에 힘입어서 많은 생명을 구할 것이다.

절제하는 마음, 두려움을 정복하는 마음
머지않아 뉴스에 나올 많은 사건이 두려움을 몰고 올 것이다. 그런 불안한 시기에는 당신 마음속에 많은 목소리가 들끓을 것이다. 어떤 목소리는 당신이 초래한 두려움으로 당신의 생각을 장악하려 들 것이고, 어떤 목소리는 사탄이 보낸 잘못된 생각을 불어넣을 것이다. 이 모든 목소리들은 당신이 굳게 서지 못하게 무너뜨리려고 혈안이 될 것이다. 불행히도 그때에는 수

많은 사람이 자칭 하나님의 말씀을 전한다고 주장하는 어중이 떠중이들의 먹잇감이 될 것이다. 그들은 하나님의 말씀이나 자신을 향한 하나님의 뜻에 굴복한 적이 전혀 없기 때문에, 절제하는 마음 대신 상실한 마음으로, 즉 제멋대로 살게 될 것이다 롬 1:28.

수많은 목소리와 거짓 선지자들이 나타나는 이때에, 우리는 하나님의 음성을 명확하게 분별하고 진리로 인도함을 받는 삶을 살기 위해 절제하는 마음을 지니는 게 얼마나 중요한지 깨달아야 한다. 우리가 온 마음을 다해 하나님께 돌아가기로 결정하면, 하나님은 그분의 말씀과 음성을 우리에게 들려주실 것이다.

"너희가 오른쪽으로 치우치든지 왼쪽으로 치우치든지 네 뒤에서 말소리가 네 귀에 들려 이르기를 이것이 바른 길이니 너희는 이리로 가라 할 것이며" 사 30:21.

우리가 원하기만 하면 하나님은 우리에게 절제하는 마음을 주시고, 우리를 말씀 속으로 인도하시며 하나님의 길 가운데 세워 주실 것이다. 그때 우리는 진리를 분별하게 될 것이다. 마음속 투쟁이 그치고 본능적인 생각에 사로잡히지 않게 될 것이다. 즉, 다른 사람들이 하는 말이나 뉴스에서 본 일들에 좌우되지 않을 것이다. 무엇이 옳으며 진리가 무엇인지 알기 때문에, 아무리 나쁜 소식을 들어도 두려움에 휘둘리지 않을 것이다. 그리고 하나님이 우리에게 주신 말씀을 기억하고 그 말씀 안에서 살아가다 보면, 그 말씀이 성취되는 걸 경험하게 될 것이다. 사탄은 온갖 악한 생각을 우리에게 불어넣겠지만, 우리는 자신만만하게 단 한 말씀만으로도 그 모든 적들을 물리칠 것이다.

"만일 하나님이 우리를 위하시면 누가 우리를 대적하리요" 롬 8:31.

또는 장래에 쓸 것에 대해 두려움이 몰려올 때, 불현듯 다윗이 한 말이 떠오를 것이다.

"내가 어려서부터 늙기까지 의인이 버림을 당하거나 그의 자손이 걸식함을 보지 못하였도다" 시 37:25.

절제하는 마음을 가진 사람과 그렇지 못한 사람의 가장 큰 차이점은 삶에서 하나님의 인도하심을 받느냐의 여부다. 다윗은 이렇게 썼다.

"그가 나를 푸른 풀밭에 누이시며 쉴 만한 물가로 인도하시는도다"시 23:2.

절제하는 마음을 가진 사람은 구세주의 부드러운 음성으로 인도함을 받고, 무슨 일을 당하든지 하나님이 안위하신다는 약속 가운데 거한다. 하나님이 그들의 영혼을 평온케 하시고 갈등과 두려움 속에서도 자신감을 주신다. 그들은 다음과 같은 하나님의 말씀을 듣는다.

"나는 너를 위해 이미 식사를 마련해 놓았단다. 너는 네 앞에 놓인 큰 싸움을 치러야 하지만, 그 과정에는 놀라운 진리의 연회가 마련되어 있고, 너는 전쟁 속에서도 가끔 걸음을 멈추고 최고의 음식들을 맛보게 될 거야. 이 여정 동안 너는 늘 보호받고 힘을 얻을 거야. 그리고 과거에 너를 지배하던 두려움이 아니라 나의 선함과 인자함이 너를 따르면서 네가 모든 원수를 이기게 도와줄 거야."

하나님의 뜻을 따르기로 선택할 때 우리는 하나님이 우리에게 예비해 두신 것들을 깨닫고 놀랄 것이다. 능력과 사랑과 절제하는 마음은 하나님만, 오직 하나님만이 주신다. 하나님이 부르심에 합당하도록 모든 능력을 주실 것을 신뢰하라. 하나님의 뜻을 발견하고, 하나님의 사역에 뛰어들기로 결심하라. 그러면 하나님이 역사하셔서 당신에게 성령을 가득 부어 주시고, 그 성령이 모든 두려움의 영을 정복하실 것이다.

7장
하나님이 당신을 보호하신다

"화가 네게 미치지 못하며 재앙이 네 장막에 가까이 오지 못하리니 그가 너를 위하여 그의 천사들을 명령하사 네 모든 길에서 너를 지키게 하심이라. 그들이 그들의 손으로 너를 붙들어 발이 돌에 부딪히지 아니하게 하리로다" 시 91:10-12.

시편 91편은 많은 그리스도인들이 애송하는 말씀으로, 특별히 하나님이 우리 인생을 보호해 주시기를 기도할 때 많이 인용된다. 아마 그 이유는 주님께서 해악을 당하지 않도록 지켜 주겠다고 굳게 약속하고 계시기 때문일 것이다. 애송하는 이유가 충분히 이해되는 부분이다. 하지만 진정으로 이 말씀이 주는 자유 안에서 행하는 자들은 과연 얼마나 될까? 예를 들어 시편 91장 5절 말씀은 "너는 밤에 찾아오는 공포와 낮에 날아드는 화살을" 두려워하지 않을 거라고 말한다.

하나님의 약속의 말씀을 인용만 하며 살 수도 있고, 그것을 넘어 그 약속을 충만하게 누리며 살 수도 있다는 것이 현실적으로 가능한 일일까? 이 질문에 대한 해답은, 예수님이 광야에서 겪은 시험과 오직 말씀의 성취를 위해 사신 예수님의 생애를 살펴보면 쉽게 나온다. 우리는 예수님처럼 살기를 갈망해야 한다. 특히 많은 사람이 두려움에 사로잡히는 때일수록 하나님의 약속을 현실로 붙들고 살아야 한다.

결승선에 임박한 시험

시험은 우리가 하나님 나라를 위해 가장 왕성하게 활동할 때 찾아온다. 그때 갑자기 부르심을 피하고 싶은 생각이 우리 마음을 격하게 사로잡는다. 이렇게 볼 때, 사람들이 두려워 낙심할 때야말로 교회가 하나님의 나라를 위해 분연히 일어설 수 있는 가장 좋은 시간이 될 수 있음을 기억하자. 이 말은 당신과 내가 육신적으로 볼 때는 전혀 원치 않는 상황, 바로 광야로 들어가기 쉽다는 의미다. 성경에는 이런 상황이 많이 나온다.

요셉은 기근 중에 식량을 마음껏 공급할 수 있는 열쇠를 받기 전에 이 단계를 거쳤다. 요셉은 이 땅에서 변화를 일으킬 수 있는 지혜와 권세를 받기 전에 먼저 광야와 같은 감옥 생활을 몇 년 동안 감내해야 했다.

모세는 이스라엘 백성을 노예 상태에서 구원하기 위해 하나님의 부르심을 받았지만, 쓰임 받기 전에 먼저 40년 동안 광야 생활을 해야 했다.

이스라엘의 왕으로 기름부음을 받은 다윗은 "오른쪽을 살펴 보소서. 나를 아는 이도 없고 나의 피난처도 없고 내 영혼을 돌보는 이도 없나이다"시 142:4라고 고백했다. 그는 마음에 드는 게 하나도 없는 굴속에서 지냈지만, 그때가 바로 하나님이 계획하신 인생의 목적을 이루기 바로 직전이었다.

예수님조차 광야로 가셔야 했다. 그리고 거기에서 이 땅에 오신 목적을 포기하라는 유혹을 받으셨다.

"예수께서 성령의 충만함을 입어 요단 강에서 돌아오사 광야에서 사십 일 동안 성령에게 이끌리시며 마귀에게 시험을 받으시더라. 이 모든 날에 아무것도 잡수시지 아니하시니 날 수가 다하매 주리신지라"눅 4:1-2.

때는 예수님이 하나님 아버지께 받은 부르심을 이루기 약 3년 전쯤이었다. 그 부르심이란 세상에 일어났던 사건 중에 가장 큰 사건으로서, 하나님의 아들이 세상의 죄를 위해 대신 죽는 일이었다. 예수님은 결승선에 매우 임박한 바로 그때 사탄에게 혹독한 시험을 당하셨다.

사탄은 예수님이 구속의 사명을 띠고 오셨다는 건 알았지만, 그 사명이 정확히 어떻게 전개될지는 몰랐다. 성경은 말하기를 "이 지혜는 이 세대의 통치자들이 한 사람도 알지 못하였나니 만일 알았더라면 영광의 주를 십자가에 못 박지 아니하였으리라"고전 2:8고 했다. 사탄이 알고 있었던 사실은 다만 자기가 에덴동산에서 도둑질한 인간을 예수님이 필사적으로 되찾으려 하신다는 것이었다. 사탄은 어떻게든 예수님을 유혹해서 예수님이 가야 할 길을 벗어나게 해야 했다.

사탄이 광야에서 예수님을 시험했듯이, 우리도 오늘날 우리 삶을 향한 하나님의 부르심과 십자가를 포기하라는 유혹을 받는다. 우리가 알고 있던 모든 것이 변하고 있다. 이 재난의 시대, 이 광야의 시대에 당신과 나는 전혀 경험하지 못했던 시험을 당할 것이다. 이제 이 시험이 어떻게 펼쳐질지 살펴보기로 하자.

자아에만 몰입하다

우리는 광야의 시험이 구체적인 순서를 따라 진행되었음을 성경을 통해 알 수 있다. 사탄의 첫 번째 시험은 '자아 몰입'이다.

"예수께서 … 광야에서 사십 일 동안 성령에게 이끌리시며 마귀에게 시험을 받으시더라. 이 모든 날에 아무것도 잡수시지 아니 하시니 날 수가 다하매 주리신지라. 마귀가 이르되 네가 만일 하나님의 아들이어든 이 돌들에게 명하여 떡이 되게 하라"눅 4:1-3.

다시 말해서 "네 필요를 채우기 위해서 하나님과의 개인적인 관계를 이용해. 너 자신에게만 몰두해!"라는 의미다. 이것은 두려움이 몰려올 때 늘 시험 거리가 될 것이다. 우리는 재난이 닥칠 때마다 이런 현상을 끊임없이 목격한다. 사람들이 자신을 위해 음식과 물을 확보하려고 가게를 약탈하는 모습처럼 말이다. 그러는 이유는 두려움과 동시에 자아 몰입이 따르기 때문이다. 이것은 우리 스스로 안전을 챙기고, 스스로 쓸 것을 찾고, 스스로 필요를 충족시키려는 마음이다.

반면 남들에게 집중할 때는 두려움으로부터 자유를 얻게 된다. 예수님은 자신을 위해 살려고 이 땅에 오시지 않았다. 오로지 하나님 아버지의 뜻대로 살려고 오셨다. 예수님이 전혀 두려움에 묶이지 않고 살았던 이유가 바로 여기에 있다. 예수님은 자신을 십자가로 보내는 것이 하나님 아버지의 뜻이라는 것을 알고 그 뜻을 묵묵히 받아들이셨다. 그리고 제자들에게 이렇게 말씀하셨다.

"이 말을 너희 귀에 담아 두라. 인자가 장차 사람들의 손에 넘겨지리라" 눅 9:44.

사탄은 예수님이 약하고 부족할 때 찾아와서 말했다.
"너 자신에게 몰두해. 너 지금 배고프잖아. 필요한 게 많잖아. 이 돌에게 명령해서 떡이 되게 해봐. 조금만 다르게 행동하라고."

오늘날에도 사탄은 이와 똑같은 계략을 계속 써먹는다. 하나님을 섬기느라고 굳이 어려움까지 감수할 필요는 없다고 우리를 부추긴다.

"너는 하나님의 자녀이니까 하나님이 힘을 주시잖아. 그 힘을 사용해서 네 자신을 돌보고 힘든 상황을 피해가야 하지 않겠어?"

광야에서 사탄이 예수님을 자아 몰입이라는 곁길로 유혹하는 데 실패하게 하신 하나님께 정말 감사드린다. 만약 그랬다면 겟세마네 동산은 무슨 의미가 있었겠는가? 예수님에게 자신보다 다른 사람을 위해 살겠다는 확실한 결심이 없으셨다면, 예수님이 자신의 삶의 목적인 나와 당신을 위한 희생을 깨닫지 못하셨다면, 두려움에 싸여 십자가를 피하기가 얼마나 쉬웠겠는가?

승리라는 환상

광야의 시험에서 사탄의 두 번째 계략은 자존심pride을 건드리는 것이었다.

"마귀가 또 예수를 이끌고 올라가서 순식간에 천하 만국을 보이며 이르되 이 모든 권위와 그 영광을 내가 네게 주리라. 이것은 내게 넘겨준 것이므로 내가 원하는 자에게 주노라. 그러므로 네가 만일 내게 절하면 다 네 것이 되리라" 눅 4:5-7.

사탄은 예수님을 높은 산, 즉 자존심 꼭대기로 이끌고 가서 이렇게 말했다.

"너는 세상을 지배하고 다스리러 온 거잖아, 안 그래? 너는 하나님한테 뺏긴 걸 다시 찾으러 온 거야. 네가 그걸 찾으러 온 게 맞다면 굳이 그 여정의 끝까지 갈 필요 없어. 내가 지금 그걸 너에게 줄게. 네가 할 일은 다만 내 앞에 무릎을 꿇고, 하나님의 방법만이 일을 이루는 유일한 길이 아니라는 데 동의하는 거야. 일을 이루는 방법에는 여러 가지가 있잖아."

사탄이 예수님한테 제시한 것은 승리라는 환상이었다. 사탄은 이 세상 나라를 다스릴 왕좌를 예수님께 제시했지만, 예수님은 십자가를 통해서만 구원을 이루실 수 있음을 분명히 아셨다. 우리가 십자가를 포기하고 날마다 십자가를 지고 예수님 따르는 것을 거부할 때, 우리의 승리는 환상으로 끝날 것이다. 그건 거짓된 환상일 뿐이다.

예수 그리스도의 십자가를 포기한 우리 세대 교회들이 생각난다. 그 교회의 설교에는 십자가가 없다. 그저 모든 사람의 기분을 띄워 주는 내용들이다. 십자가도 없고, 회개도 없고, 죄에서 돌이킴도 없고, 하나님의 말씀에 대한 갈증도 없다. 결과적으로 진리에 기초한 복음 전도도 거의 하지 않는다. 하늘나라가 건설되긴 했으나 단지 환상일 뿐, 예수 그리스도의 교회는 아닌 것이다.

성경은 각 사람의 공적이 무엇으로 만들어졌는지 증명하기 위해 불에 태워질 거라고 말했다고전 3:13. 우리는 모두 불 속에 들어갈 것이다. 이 세상에서는 상상조차 해본 적 없는 상황에 처할 것이다. 수천 명의 성도들로 가득 차 있더라도 잘못된 기반 위에 세워진 교회라면, 그건 본질을 상실한 환상일 뿐이다. 그래서 시험과 어려움이 닥치면 성경이 말한 대로 실족할 것이다마 24:10.

많은 사람이 오랫동안 잘못된 신학 속에서 살아왔다. 그들은 예수님이 이 땅에 오신 목적이 그들의 삶을 멋지고 풍요롭게 해주시기 위함이라고 믿는다. 이런 사람들은 결국 두려움으로 인생을 마감할 것이다. 그들은 예수님이 좀 더 고매한 인격, 더 큰 집, 직장에서의 승진을 이루어 주실 거라고 생각한다. 따라서 그들은 일이 틀어져서 자신의 기대대로 되지 않을 때, 실직하고 가족에게 문제가 생겨 인생이 제대로 돌아가지 않을 때 우울증으로 고생하며 실족하고 말 것이다. 그들이 기대했던 신학과 들어맞지 않는다는 것을 알고 혼동과 두려움에 사로잡히기 때문이다. 그들은 진정한 예수가 어떤 분인지 모르기 때문에 그분이 자기 백성을 지켜 주신다는 약속도 믿지 못한다.

하나님이 우리를 보호하실까?
사탄의 마지막 세 번째 시험은 좀 더 교활한 협박으로서, 하나님의 정직성을 의심하게 만든다.

> "또 이끌고 예루살렘으로 가서 성전 꼭대기에 세우고 이르되 네가 만일 하나님의 아들이어든 여기서 뛰어내리라 기록되었으되 하나님이 너를 위하여 그 사자들을 명하사 너를 지키게 하시리라 하였고 또한 그들이 손으로 너를 받들어 네 발이 돌에 부딪치지 않게 하시리라 하였느니라" 눅 4:9-11.

이 시험 뒤에 숨은 사탄의 의도는 이렇다.

"네가 이 길을 계속 고집하면 내가 너를 죽여 버릴 거야. 하나님이 너를 보호해 주실 거라고 생각해? 그가 정말로 너를 높이 들어 올려 주실까? 내가 너를 벼랑 위에서 밀어 버리면, 하나님이 천사를 보내서 네 발이 땅에 닿기 전에 너를 받아 줄 거라고 생각해? 그렇게 믿는다면 하나님을 한번 시험해 봐. 이 성전 꼭대기에서 뛰어내려서 하나님의 말씀이 사실인지 한번 보라고!"

"예수께서 대답하여 이르시되 주 너의 하나님을 시험하지 말라 하였느니라"눅 4:12.

나는 사탄이 이 지점에서 선을 넘었다고 생각한다. 이제 사탄은 유다의 사자Lion of Judah에게 말하고 있었다. 즉, 사람 예수에게 말하고 있는 게 아니라 하나님의 아들 예수에게 말하고 있었다. 예수님이 눈에 불을 켜고 사탄에게 이렇게 말씀하시는 모습이 눈에 선하다.

"네가 감히 하나님을 어리석은 시험대에 올리다니. 나는 내 아버지를 시험할 필요가 없다. 내 아버지는 거짓말하시는 분이 아니니까."

이로써 사탄은 시험을 끝냈고, 당분간 예수님을 떠났다. 이 시험 후에 예수님은 성전에 들어가셨다. 그러고는 일어서서 이사야서를 펼쳐 읽기 시작하셨다. 이 말씀은 우리 세대에 대한 증거이기도 하다.

"주의 성령이 내게 임하셨으니 이는 가난한 자에게 복음을 전하게 하시려고 내게 기름을 부으시고 나를 보내사 포로된 자에게 자유를, 눈 먼 자에게 다시 보게 함을 전파하며 눌린 자를 자유롭게 하고" 눅 4:18.

예수님은 이렇게 말씀하시지 않았다. "주의 성령이 내게 임하셨으니 이는 내게 기름을 부으사 내가 돌로 떡을 만들게 하려 하심이라. 그가 내게 기름을 부으사 이 땅에 영광스러운 왕국을 건설케 하셨다. 그가 내게 기름을 부으사 기사와 이적을 행하게 하셨으며, 내가 절벽에서 떨어져도 천사들이 나를 떠받드는 걸 모두가 보게 하셨다."

그렇지 않다. 그렇게 하라고 하나님의 성령이 예수님에게 임하신 게 아니다. 이 마지막 시대에 두려움 없이 일어설 자들은, 이 세상의 가난한 자들에게 말씀을 전하라고 하나님께 기름부음을 받은 자들이다. 우리에게는 구속자가 있다고 말하고, 십자가가 있다고 말하고, 우리가 이생에서 겪는 모든 일에서 빠져나올 길이 있다고 말하며, 하나님과 함께 영원한 나라로 들어갈 것이라고 말하는 자들이다.

성경은 예수님이 이사야에서 자신에 관해 예언한 부분을 다 읽으셨을 때, 다음과 같은 일이 벌어졌다고 말한다.

"회당에 있는 자들이 이것을 듣고 다 크게 화가 나서 일어나 동네 밖으로 쫓아내어 그 동네가 건설된 산 낭떠러지까지 끌고 가서 밀쳐 떨어뜨리고자 하되" 눅 4:28-29.

사탄이 이 종교적인 무리들을 격분시키고 있다. 사실상 사탄은 이렇게 말한 것이다. "나는 그를 곁길로 가게 하지도 못하고, 마음을 바꿔 이기심으로 행동하게 하지도 못했어. 무릎을 꿇고 어두운 인간의 생각이 곧 하나님의 생각이라는 데 동의하게 하지도 못했지. 예수는 하나님이 자기를 보호해 줄 거라고 생각하거든. 하나님이 자기를 높이 올려 주리라고 생각해. 그러니 자, 이제 그를 벼랑 아래로 던져 버려!"

사탄은 우리에게도 이렇게 도전하고 시험한다. 우리가 하나님의 길을 계속 따르면 해가 미칠 것이고, 우리와 자녀의 목숨이 위태로워질 거라고 시험한다. 이 세대에서 예수님의 증인으로 살면 만사가 무척 힘들어질 것이고, 특히 모든 것이 예수 그리스도를 대적하는 때에는 더욱 힘들어질 거라고 우리를 시험하는 것이다.

그 후 예수님께 무슨 일이 일어났는지 자세히 살펴보자.

"예수께서 그들 가운데로 지나서 가시니라" 눅 4:30.

자, 이 일이 어떻게 가능했을까? 세상에서 종교적인 무리를 격분시키는 일, 그들이 생각하는 하나님의 이미지를 건드리는 일보다 더 큰 분노를 유발하는 일은 없다. 그리고 여기 있는 수백 명의 무리는 종교적 열정에 사무친 자들로서 정말로 예수님을 벼랑 아래로 밀어 버리려 했던 자들이다. 사탄이 성전 꼭대기에서 하려 했던 바로 그 일이었다. 하지만 갑자기 이 무리는 둘로 나뉠 수밖에 없었다. 성경은 예수님이 도망쳤다거나 누가 와서 예수님을 도와주었다고 말하지 않는다. 다만 예수님이 그들 가운데를 뚫고 걸어가셨다고 말한다. 어떻게 그럴 수 있으셨을까?

두려움을 물리치는 비결

예수님이 무리 가운데로 지나가실 수 있었던 비결은 "하나님이 너를 위하여 그 사자들을 명하사 너를 지키게 하시리라. …

그들이 손으로 너를 받들어 네 발이 돌에 부딪치지 않게 하시리라"눅 4:10-11고 하셨기 때문이다. 예수님은 자기 목숨을 건짐으로써 성경 말씀을 성취하지 않으셨다. 하나님께 순종함으로써, 사탄의 유혹에 굴복하지 않음으로써 그렇게 하셨다. 하나님의 약속이 예수님의 생명을 덮어 주고 보호해 주었다. 예수님은 자신의 생애를 향한 하나님의 목적을 온전히 받아들이셨고, 하나님은 예수님의 삶의 목적을 온전히 이루셨다.

이 말이 우리에게 주는 의미는, 하나님이 끝났다고 말씀하시기 전까지는 우리의 생명이 아직 끝나지 않았다는 것이다. 사탄은 하나님이 허락하신 시간이 되기 전까지, 예수님이 이 땅에 오신 목적을 성취하기 전까지 하나님의 아들을 죽일 수 없었다. 따라서 당신이 이 세대 가운데 예수 그리스도를 위해 살기로 선택했다면, 당신의 건강이나 안전이나 생명이 너무 이른 시기에 끝날 거라고 단 일 초도 믿지 말라. 당신은 하나님의 손안에 있다! 당신이 언제 죽을지는 주님만이 아신다. 모든 것이 주님 손안에 있다. 이 진리를 마음속에 깊이 새기면 두려움이 사라지기 시작한다.

이사야서의 한 부분을 다 읽은 직후, 예수님은 다음과 같이 말씀하셨다.

"책을 덮어 그 맡은 자에게 주시고 … 예수께서 그들에게 말씀하시되 이 글이 오늘 너희 귀에 응하였느니라"눅 4:20-21.

당신에게도 책을 덮고 이렇게 말해야 할 시점이 오고 있다. "나는 내 인생에 관해 거짓 진리나 다른 견해에는 귀 기울이지 않을 거야. 나는 내 삶의 목적을 알고 있고, 그 목적을 이룰 때까지 하나님이 나를 지켜 주실 것도 알고 있어. 이제 나는 두려움이라는 책을 덮는다!"

8장
오직 하나님만 따르기로 결정하라

"할렐루야 여호와를 경외하며 그의 계명을 크게 즐거워하는 자는 복이 있도다. 그의 후손이 땅에서 강성함이여 정직한 자들의 후손에게 복이 있으리로다" 시 112:1-2.

나는 시편 112편을 참 좋아한다. 경건한 자들을 안전하게 지켜 주시겠다는 주님의 안위의 말씀이기 때문이다.

우리는 하나님과 동행하며 성경을 읽고 기도해야 한다. 그럴 만한 이유는 충분하다. 그럴 때 하나님은 우리 자녀들을 축복해 주겠다고 말씀하셨기 때문이다. 자녀들이 우리 그늘 밑에 있지 않더라도, 이 약속의 말씀은 계속 성취될 것이다. 지금 바로 하나님과의 동행을 시작하라. 깊이 기도하고 성경 말씀을 묵상하며 실천하라. 그러면 하나님이 제한받지 않는 분임을 알게 될 것이다. 우리의 자녀가 지구 반대편에 살고 있을지라도,

우리가 하나님의 말씀대로 행하기 시작하면 하나님이 그 자녀를 만져 주실 것이다. 갑자기 그 자녀의 마음에 '아무래도 하나님께 돌아가야 할 것 같아'라는 생각이 들 것이다. 그런 체험을 한 사람들의 간증을 나는 수없이 많이 들었다.

두려움으로부터의 자유는 하나님을 찾는 자들, 의로운 자들이 얻는 유산이다.

"그는 영원히 흔들리지 아니함이여 의인은 영원히 기억되리로다. 그는 흉한 소문을 두려워하지 아니함이여 여호와를 의뢰하고 그의 마음을 굳게 정하였도다"시 112:6-7.

하나님과 바른 관계가 정립된 사람은 내일 어떤 뉴스를 듣건, 주변에서 무슨 일이 벌어지건 두려워하지 않는다. 안식 후 첫날이 되려는 새벽에 막달라 마리아와 다른 마리아가 예수님의 무덤을 보려고 갔을 때, 큰 지진이 나며 주의 천사가 하늘로부터 내려와 돌을 굴려 내고 그 위에 앉아 있었다. 이 일이 일어나자 "지키던 자들이 그를 무서워하여 떨며 죽은 사람과 같이 되었더라"고 성경은 말한다마 28:4.

우리 시대에도 동일한 일이 일어날 것이다. 무덤을 지키던 자들처럼 많은 사람이 이 땅에 발생한 대재난을 보고 두려움에 떨 것이다. 하지만 예수님을 추구하는 자들은 두려워하지 않을 것이다. 하나님을 따르기로 작정한 사람들은 주님의 약속의 말씀을 온전히 신뢰하기 때문이다.

"두려워하지 말라. 네가 예수를 추구하는 줄 내가 다 알고 있다."

너희가 섬길 자를 오늘 택하라

여호수아서에는 하나님을 따르고 하나님의 음성을 들으며 승리의 삶을 살았던 사람의 예가 나온다. 바로 여호수아다. 여호수아는 여리고 정복과 관련해 이스라엘 백성에게 지시를 내리고, 그들을 약속의 땅으로 인도했으며, 각 지파에게 땅을 나누어 주었다. 말년이 되자 여호수아는 아직 정복 못 한 땅들을 돌아보았다. 해야 할 일이 많이 남아 있었고, 약속의 땅에는 아직도 믿음의 간증들이 상당히 필요한 상태였다. 여호수아는 자기 뒤를 따르는 자들에게 이렇게 도전했다.

"너희 조상들이 강 저쪽에서 섬기던 신들이든지 또는 너희가 거주하는 땅에 있는 아모리 족속의 신들이든지 너희가 섬길 자를 오늘 택하라. 오직 나와 내 집은 여호와를 섬기겠노라" 수 24:15.

여호수아는 "너희가 여호와를 섬기기 싫다면 다른 섬길 자를 택하라. 과거 역사 속에서 아무것도 해주지 않은 신들을 섬기든지, 오늘날 너희가 살고 있는 곳에서 아무것도 해주지 않는 신들을 섬기든지 너희는 선택하라"고 말한 것이다. 그리고 이렇게 덧붙인다.

"오직 나와 내 집은 여호와를 섬기겠다."

오래전 한 친구가 가로 150센티미터, 세로 120센티미터 정도 되는 판자에 여호수아서의 바로 이 구절, "오직 나와 내 집은 여호와를 섬기겠노라"를 적어 손수 현판을 만들어 주었다. 나는 그걸 우리 집 앞 길가에 서 있는 나무에 걸어 두었다. 당시에는 그 말씀이 무슨 의미를 함축하고 있는지, 또 그 말씀이 나를 어디로 이끌지 알지 못했다. 다만 그 말씀대로 살고 싶었다. 나는 하나님과 동행하기로 결심했고, 평생 온 마음을 다해 하나님을 섬기기로 다짐했다.

이 결심이 여호수아를 초자연적인 기적으로 이끌었고, 이 결심 때문에 주님은 여호수아가 사명을 시작할 때 그에게 구체적인 약속을 주셨다.

"내가 네게 명령한 것이 아니냐. 강하고 담대하라. 두려워하지 말며 놀라지 말라. 네가 어디로 가든지 네 하나님 여호와가 너와 함께하느니라"수 1:9.

이 길은 끝까지 가는 길이다

모든 성도에게는 하나님과 끝까지 가기로 결심하는 영적인 순간이 있다. 이 순간이 굳이 감정적일 필요는 없다. 때로 음악이나 유려한 설교에 휩쓸려서 결심을 하지만, 그런 감정적인 결심은 금방 잊어버리게 된다. 그보다는 우리의 여생 내내 영향을 미치는 결심이어야 한다. 그저 하나님께 "예"라고 대답하는 것이다.

"나는 무슨 일이 일어나든 하나님과 함께 갈 거야. 뒤로 물러서지 않겠어. 상황이 힘들어져도 하나님의 은혜로 나는 포기하지 않을 거야. 하나님이 내게 힘 주셔서 이 여정을 잘 마치게 해주실 거라고 믿겠어."

그러려면 먼저 당신이 있어서는 안 될 자리에서 나와야 한다. 이미 알고 있는 죄는 단호하게 버려야 한다. 당신이 나와야 할 곳에서 나오기 전까지는 당신이 있어야 할 곳으로 절대 갈 수 없다. 옳지 못하다는 걸 알고 있는 생활 방식이나 습관을 벗어 버리려면, 오늘 당장 결심하라. 죄 속에서 살고 있다면 지금 당장 나오라. 빨리 그곳에서 벗어나라! 하나님 앞에서 악한 것을 선하다고 말하고 있다면 지금 당신은 위험한 곳에 있는 것이다. 스스로 신이 되어 잘못을 합리화하는 종교의 함정에 빠지지 말라.

최근에 당신은 가책을 느끼고 있을지도 모르겠다. 성경을 읽는 중에 성령께서 당신 삶의 한 영역을 구체적으로 지적하셨다면, 미루지 말고 바로 순종하라. 순종을 미루면 죄와 타협하게 된다. 인간의 타락한 본성은 죄를 숨기고 오히려 거룩하다고 믿게 만든다. 그러니 오늘 단단히 결심하고 이렇게 말하라.

"나는 잘못을 정당화하지 않겠어. 무관심을 거룩이라고 말하지도 않을 거고, 이기심을 경건하다고 말하지도 않을 거야. 이제 나는 여기서 빠져나와 예수님과 함께 갈 거야!"

온 맘을 다해 신뢰하는 것

하나님을 끝까지 따라간다는 것은 하나님의 말씀을 온 맘 다해 믿는다는 뜻이다. 이 믿음 없이는 아무리 배워도 결코 진리를 아는 지식에 이르지 못한다. 이런 사람들은 아무리 말씀을 잘 암송하고 인용하더라도 막상 예수님이 오셔서 기적을 행하시려고 하면 마르다처럼 반응하고 만다. 마르다는 "네 오라비 나사로가 다시 살아나리라"는 예수님의 말씀을 믿지 않고 그저 열심히 자기가 아는 성경 말씀만 인용했다요 11장.

안타깝게도 많은 사람이 이스라엘 자손처럼 광야에서 방황만 하다가 인생을 끝낸다. 우리는 살면서 일정 기간 광야를 경험하는데, 그곳은 예수님이 겪으신 것처럼 유혹과 시험을 받는 자리다. 하지만 때로는 앞으로 나아갈 수도, 뒤로 물러설 수도 없는 광야를 경험할 때가 있다. 얼마나 많은 사람이 하나님의 집에서 아무 데도 가지 못하고 제자리에서만 맴돌고 있는가? 월요일이나 금요일이나 다른 게 없이 똑같다. "주님의 은혜가 날마다 새롭습니다! 저는 하나님이 저를 창조하신 본연의 모습으로 계속 변화되고 있습니다"라고 고백하지 못한다. 만약 당신이 지금 이런 상황이라면 당신은 끔찍한 광야 생활을 반복하게 될 것이다.

이스라엘 자손이 계속 광야에 머물렀던 이유는 불신적인 악한 마음을 품고 살아 계신 하나님에게서 떨어졌기 때문이다. 그들의 삶은 오늘을 사는 우리에게 본보기와 경고가 된다. 온 맘 다해 하나님의 말씀을 붙들지 않는 사람은 이 마지막 때에 거짓 그리스도를 향하게 된다. 오직 믿음만이 승리를 얻게 하고 하나님을 기쁘시게 할 수 있다. 그리스도께서 과거에 이룬 승리와 하나님이 장차 자기 백성에게 주시고자 하는 충만함 사이에서 어정쩡하게 살지 않기로 결심한 자들만이 그 믿음을 성취할 수 있다.

네 팔을 벌리리니

한번은 예수님이 제자들과 함께 계실 때 사람들이 예수님을 누구라고 생각하는지 제자들에게 물으신 적이 있다. 제자들은 세례 요한부터 예레미야까지 다양하게 생각한다고 대답했다. 그러자 예수님은 제자들에게 "너희는 나를 누구라 하느냐?"라고 물으셨다. 그때 베드로가 "주는 그리스도시요 살아 계신 하나님의 아들이시니이다"라고 대답했다. 이 대답을 들은 예수님이 말씀하셨다.

"바요나 시몬아 네가 복이 있도다. 이를 네게 알게 한 이는 혈육이 아니요 하늘에 계신 내 아버지시니라"마 16:17.

우리가 하나님의 말씀과 성령을 통해 계시를 받듯이 베드로도 하나님께 계시를 받았다. 사람들이 우리에게 예수님이 누구냐고 물으면, 우리 역시 "주는 그리스도시요 살아 계신 하나님의 아들"이라고 선포할 것이다. 그리고 베드로가 자기의 선포를 믿었듯이 우리도 그렇게 믿을 것이다.

하지만 베드로는 생애 거의 마지막 후반부에 하나님의 뜻에 자기의 팔을 벌리기 전까지는 이 계시에 숨어 있는 진짜 위력을 알지 못했다. 예수님이 부활하신 후, 제자들은 다시 어부로 돌아갔지만 밤새도록 한 마리도 잡지 못했다. 물론 베드로도 능력으로 충만한 삶을 살지 못하고 있었다. 그때 예수님이 해변에 나타나 베드로에게 말씀하셨다.

"내가 진실로 진실로 네게 이르노니 네가 젊어서는 스스로 띠 띠고 원하는 곳으로 다녔거니와 늙어서는 네 팔을 벌리리니 남이 네게 띠 띠우고 원하지 아니하는 곳으로 데려가리라"요 21:18.

예수님은 이렇게 말씀하신 후에 베드로에게 "나를 따르라"요 21:19고 말씀하셨다. 여기서 우리는 하나님을 따른다는 것이 자신을 하나님께 온전히 내맡기는 것임을, 우리의 뜻에 대해서는 죽는 것임을 알 수 있다. 또 우리 힘으로는 도저히 갈 수도 없고, 솔직히 말해서 가고 싶지도 않은 곳이지만, 두 팔을 벌리고 하나님이 이끄시는 대로 가야 함을 의미한다. 베드로가 기꺼이 그렇게 인도받기를 원하자, 두려움 대신 하나님의 능력이 그를 사로잡았다. 그러자 예전에는 계집 종 앞에서도 예수님을 부인하고 유대인들이 두려워 제자들과 함께 방문을 걸어 잠그고 숨어 있던 베드로가 담대하게 복음을 선포하기 시작했고, 하나님이 하루에도 믿는 자들을 수천 명씩 더하시는 것을 몸소 체험할 수 있었다.

당신과 내가 두 팔을 벌려 우리 자신을 하나님께 드릴 때, 하나님은 우리의 여정에 필요한 모든 것을 공급해 주겠다고 약속하셨다. 여기에는 두려움에서의 자유도 포함된다.

"곧 우리 조상 아브라함에게 하신 맹세라. 우리가 원수의 손에서 건지심을 받고 종신토록 주의 앞에서 성결과 의로 두려움이 없이 섬기게 하리라 하셨도다"눅 1:73-75.

주님은 우리에게 소중한 약속들을 많이 주셨지만, 이 여정이 쉬울 거라는 약속은 주지 않으셨다. 당시 예수님은 자신을 따르는 자들에게 이렇게 말씀하셨다.

"내가 진실로 진실로 너희에게 이르노니 인자의 살을 먹지 아니하고 인자의 피를 마시지 아니하면 너희 속에 생명이 없느니라. 내 살을 먹고 내 피를 마시는 자는 영생을 가졌고 마지막 날에 내가 그를 다시 살리리니 … 살아 계신 아버지께서 나를 보내시매 내가 아버지로 말미암아 사는 것같이 나를 먹는 그 사람도 나로 말미암아 살리라"요 6:53-54, 57.

다시 말해서 우리가 받는 생명과 능력과 자유는 우리 것이 아니다. 우리를 통해 흘러나오는 것은 그리스도의 생명이다. 이 말은 우리가 우리를 향한 예수님의 충만한 구속에 참여할 뿐만 아니라, 예수님이 이 땅에서 다른 사람들에게 행하시는 충만한 구속 사역에도 참여해야 한다는 뜻이다. 대충 한쪽 발만 하나님께 걸치고 따르면서, 하나님이 주시는 약속과 공급하심을 모두 기대하는 것은 말이 안 된다. 우리는 전폭적으로 항복하고, 전폭적으로 사용되고, 전폭적으로 자아를 내어 드리는 삶을 새로운 목표로 삼아야 한다. 그리스도와의 가벼운 만남이나 형식적 종교는 우리에게 필요한 힘도, 두려움에서의 자유도 결코 주지 못한다.

예수님이 "내 아버지께서 오게 하여 주지 아니하시면 누구든지 내게 올 수 없다"요 6:65라고 말씀하셨을 때 많은 사람이 예수님을 떠났다요 6:66. 하나님을 끝까지 따르는 것, 팔을 벌리고 그분의 인도하심을 따르는 것은 무엇보다 진지한 결정이다. 그리고 이것은 우리의 의지나 바람대로 되는 것이 아님을 알아야 한다.

나 역시 주님께서 소중한 것들을 내려놓으라고 말씀하신 때가 많이 있었다. 예를 들면, 나는 오십 대 중반쯤 되자 내가 십 대 때부터 얼마나 열심히 일했는지를 돌아보게 되었다. 그러면서 '빠듯한 일정이나 영적 싸움 없이 살 수 있다면 얼마나 좋을까'라는 생각을 점점 더 하게 되었다. 그래서 급기야는 내 인생 말년의 계획까지 세우게 되었는데, 나는 가끔 집회와 강연을 하며 여행을 다니고, 손주들과 함께 많은 시간을 보내면 좋겠다고 생각했다. 그런데 그때 주님께서 전에도 한 번 하셨던 말씀을 다시 상기시켜 주셨다.

"카터야, 네 자식들은 이미 다 내게로 돌아왔고, 앞으로 너는 그들과 영원을 함께 보내게 될 거란다. 하지만 아직 돌아오지 않은 내 자녀들이 많이 있으니, 그들을 데려올 수 있게 나를 도와다오."

주님께서는 미래에 대한 나의 꿈을 내려놓고 주님이 준비하신 길을 따르라고 분명하게 부탁하셨다. 그래서 나는 내 꿈들을 주님께 내려놓고, 어떤 희생을 치르더라도 주님의 길을 따르기로 다시 한 번 결심했다.

시간이 임박하다

어쩌면 당신은 하나님의 뜻에 완전히 굴복하는 믿음의 한 발을 내딛기가 두려운 것인지도 모른다. 비록 두렵더라도 용기를 내고 하나님 앞에 정직하게 나아가 모든 두려움을 내려놓으라. 주님은 바로 그 자리에서 당신을 만나 주시고 새 힘을 주실 것이다. 하나님이 찾으시는 것은 우리가 연약함에도 불구하고 하나님을 끝까지 따르려는 갈망이다.

이 얘기는 우리가 왜 예수 그리스도께 나아왔는가로 귀결된다. 그저 영원한 지옥에서 구원받기 위해서였는가, 아니면 진정으로 하나님과 동행하고 싶은 갈망 때문이었는가? 이유야 어떠하든, 그리스도와 절반만 함께하지 않기를 권한다. 그것은 마치 한 발은 배 안에, 다른 한 발은 부두에 걸친 것과 같다. 슬프게도, 많은 사람이 이 세상을 완전히 끊지 못해서 믿음의 여정을 완결하지 못한다. 하지만 우리는 이 멸망해 가는 행성을 떠나 영원한 나라로 향하는 자들임을 기억해야 한다. 우리는 이 세상을 끊고 온전한 믿음의 여정, 다시 말해 하나님께 굴복하고 성령으로 충만한 삶을 추구해야 한다.

지금 바로 하나님을 따르기로 결단하라. 폭풍우가 몰아치면 때는 이미 늦었다. 노아 시대 때, 종말이 임박한지도 모르고 결단을 미룬 사람들이 얼마나 많았는가? 마찬가지로 오늘날 세상은 매우 빠르게 멸망하고 있으며, 우리는 지금 등불의 기름을 준비해야 한다마 25:1-13. 다가오는 날들을 견뎌 낼 힘이 필요하다.

예수님은 "인자가 영광을 얻을 때가 왔도다"라고 선포하셨다요 12:23. 당신은 그 시간이 다가오고 있음을 마음으로 느끼는가? 아니, 오고 있는 게 아니라 그때는 이미 왔다! 시간이 별로 없다. 지금이야말로 그리스도가 당신의 가정에서, 당신의 도시에서, 당신의 나라에서 영광 받으실 때다.

지금이야말로 두려움을 벗어 버리고 하나님을 끝까지 따르기로 결단하고 다짐할 때다!

9장
두려움 너머에 있는
하나님의 계획을 바라보라

"너는 칼과 창과 단창으로 내게 나아 오거니와 나는 만군의 여호와의 이름 곧 네가 모욕하는 이스라엘 군대의 하나님의 이름으로 네게 나아가노라" 삼상 17:45.

내가 초신자였을 때 주님은 내 인생을 주님의 영광을 위해 사용하겠다고 말씀하셨다. 하지만 그때 나는 수강생이 열두 명밖에 없는 강의실에서 지명당할까 봐 겁내던 학생이었다. 그때 나는 교수님이 지명하면 어떻게 강의실을 도망칠까만 궁리했고, 내게 조금이라도 관심이 집중되면 공황 상태가 되곤 했다. 그리고 실제로 두 번이나 기절했었다.

그러면 당신은 이렇게 물을 것이다.

"그렇다면 설교는 언제부터 하셨나요? 강단에 서면 기적처럼 아무렇지 않게 설교가 나오던가요?"

아니다! 어떻게 지금과 같은 모습이 되었는지 말해 주겠다. 먼저 주님은 내게 "강의실에서 도망치지 마라"고 말씀하셨다. 그래서 나는 도망치지 않았고, 그렇게 나를 향한 주님의 계획은 시작된 것이다. 주님은 나에게 발을 땅에 굳건히 디디라고 계속 말씀하셨고, 나는 그 말씀을 꾸준히 순종했다.

원수가 떨기 시작하다

블레셋 군대가 이스라엘과 싸우려고 병거 삼만 대, 기병 육천 명, 그리고 바다의 모래알처럼 많은 군대를 이끌고 오자, 사울과 이스라엘 군대는 큰 위험을 느끼고 동굴과 구멍 속에 숨기 시작했다. 성경은 말하기를, 사람들이 길갈에서 두려움에 떨며 사울을 따랐다고 한다. 하지만 두려워하지 않은 사람이 한 명 있었으니 바로 사울의 아들 요나단이었다. 그는 자기의 무기를 든 소년에게 이렇게 말했다.

"우리가 이 할례받지 않은 자들에게로 건너가자. 여호와께서 우리를 위하여 일하실까 하노라. 여호와의 구원은 사람이 많고 적음에 달리지 아니하였느니라" 삼상 14:6.

요나단을 따르는 자는 무기를 든 소년밖에 없었지만 그는 두려움 없이 원수를 대적했다. 그는 이 전쟁이 주님의 전쟁임을 알았기에 당당하게 선포했다.

"여호와께서 그들을 이스라엘의 손에 넘기셨느니라"삼상 14:12.

두 사람은 앞으로 전진했고, 블레셋 군대는 그들 앞에서 무너졌다.

요나단과 무기 든 소년은 "반나절 갈이 땅 안에서" 승리했다. 이것은 어쩌면 사소하고 별로 중요해 보이지 않는 사건일 수도 있다. 하지만 그들이 승리하자 지옥이 벌벌 떨기 시작했다. 성경은 땅이 진동하고, 온 블레셋 부대가 두려워 크게 떨었다고 말한다. 한 사람이 하나님을 믿으니 마침내 블레셋 군대가 떨기 시작한 것이다. 블레셋 군대는 이 일을 사소하게 보지 않았다.

마찬가지로 비록 두려움에 사로잡혀 있기는 했지만 내가 계속 강의실에 앉아 있었던 것은 그 자체가 놀라운 승리였다. 그때 나는 '하나님이 나에게 주신 것은 두려워하는 마음이 아니라 오직 능력과 사랑과 절제하는 마음이다'딤후 1:7라고 속으로 계속 되새기며 자리에 앉아 있었다. 발을 땅에 굳게 디디고

서 있었던 것이다.

그렇게 강의실에서 내 자리를 지키고 앉아 있다 보니 차츰 여기저기 작은 모임들에서 말씀을 전해 달라고 나를 초빙하기 시작했다. 말씀을 전하기 전에 나는 너무나 긴장해서 속이 울렁거리고 정말로 화장실에 숨어 버리고 싶었지만, 그때마다 디모데후서 1장 7절의 말씀을 계속 되새겼다.

사람들 앞에 설 때까지도 나는 울렁증에 시달렸지만, 그래도 마음속으로 '난 이 싸움에서 절대 물러서지 않을 거야'라고 결심했다. 그러고 나서 말을 시작하면 기름부으심이 항상 임했다. 하나님은 나를 통해 사람들의 삶에 도전하셨고, 그들은 놀라서 할 말을 잃었다. 그렇다. 전쟁은 우리가 아니라 여호와께 속한 것이다! 하나님은 말씀하셨다.

"네가 입을 크게 열면 내가 채울 것이다. 네가 말만 시작하면 네 안에 생수의 강이 흐르게 해주겠다. 내가 너를 통해서 말하면 사람들의 인생이 변할 것이다"시 81:10; 요 7:38.

내가 생뚱맞은 이론을 제시하는 게 아니다. 나는 이 말씀을 살아냈고, 그것은 늘 놀라운 여정이었다. 우리가 원수를 대적하기로 작정하고 하나님이 우리를 이끌어 주실 것을 믿기만 하면, 우리는 하나님이 주시는 놀라운 능력을 맛볼 수 있다. 나는 그것을 직접 체험했다.

네 원수는 너의 먹이다

믿음 없는 정탐꾼 열 명이 약속의 땅에 관한 악한 정보만 가지고 돌아오자 여호수아는 중대 발언을 했다.

"다만 여호와를 거역하지는 말라. 또 그 땅 백성을 두려워하지 말라. 그들은 우리의 먹이라. 그들의 보호자는 그들에게서 떠났고 여호와는 우리와 함께하시느니라. 그들을 두려워하지 말라"
민 14:9.

안팎에서 우리를 반대하는 것들이 사실은 모두 우리의 먹이가 될 수 있다니 이 얼마나 이상한 말인가! 여호수아의 이 말은 정확히 무슨 의미이며, 우리는 어떻게 그 먹이를 얻을 수 있을까?

사도행전 3장을 보면, 베드로와 요한이 나사렛 예수 그리스도의 이름으로 성전 미문에 앉아 구걸하던 앉은뱅이를 고쳐 주는 사건이 나온다. 이 사건은 대제사장과 장로들을 자극했는데, 절대로 예수의 이름으로 설교하거나 가르치지 말라고 명령한 때였기 때문이다. 그러나 베드로와 요한은 어떻게 했는가? 모두 함께 기도했다! 원수 앞에서 두려움으로 움츠러들어 쥐 죽은 듯 있지 않고, 오히려 그걸 기회 삼아 기도 모임에 불을 붙였다! 예수의 이름으로 말씀을 전하지 말라는 경고를 들었을 때, 오히려 그들은 한마음으로 모여서 예수 그리스도의 능력으로 더욱 담대히 복음을 전하게 해달라고 간구했던 것이다. 앉은뱅이가 기적적으로 치유된 일로 모든 사람이 하나님을 찬양하자 권세자들은 화를 냈고, 제자들은 하나님의 손을 펴시어 예수의 이름으로 더 많은 이적과 기사가 일어나게 해달라고 기도했다.

"빌기를 다하매 모인 곳이 진동하더니 무리가 다 성령이 충만하여 담대히 하나님의 말씀을 전하니라. 믿는 무리가 한마음과 한 뜻이 되어 모든 물건을 서로 통용하고 자기 재물을 조금이라도 자기 것이라 하는 이가 하나도 없더라. 사도들이 큰 권능으로 주 예수의 부활을 증언하니 무리가 큰 은혜를 받아"행 4:31-33.

기도의 자리가 진동하고 제자들은 하나님의 영으로 충만해서 모든 것을 함께 나누었다. 그들의 마음이 거룩한 긍휼로 움직였다는 뜻이다. 물러서지 않고 원수를 대적했을 때 그들은 새로운 담대함과 능력과 은혜로 세워졌다. 그들이 직면한 '적'이 오히려 그들에게 '먹이'가 되었다!

사사기를 보면 이스라엘 백성이 하나님의 약속과 임재를

하찮게 여길 때마다 대적이 들고일어났던 것을 볼 수 있다. 그러면 이스라엘은 두려워 떨며 생존할 방법을 찾아다녔고 그때마다 하나님은 "여기가 길이다"라고 말씀해 주셨다. 하나님의 길은 늘 기적적이었다. 산꼭대기에서 이스라엘 군대 삼백 명이 나팔과 횃불과 빈 항아리를 들고 싸웠던 것을 생각해 보라! 상식적으로 보면 그건 자살 행위나 다름없었다. 그들은 완전 무장한 십만 대군 앞에서 그저 "여호와를 위하라! 기드온을 위하라!"고 소리만 쳤다삿 7:18. 사람들에게는 어리석어 보이지만 우리에게는 그것이 하나님의 능력이다.

어려움이 닥칠 때 그 이유를 깨달으면 두려움에서 자유롭게 된다. 하나님은 우리가 성장하도록 그 일을 허락하신 것이다. 우리가 원수를 대적하기로 결심할 때, 하나님은 길을 여신다.

삼손이 딤나로 내려갈 때 여호와의 영이 그에게 임해서 맨손으로 젊은 사자를 찢어 죽였던 사건을 기억하는가? 나중에 삼손이 다시 그 자리에 가 보니 사자의 시체에 꿀이 가득했다. 그래서 삼손은 그 꿀을 먹고 자기 부모님께도 갖다 드렸다. 그의 생명을 위협하고 죽일 수도 있었던 것이 오히려 그와 주변 사람에게 좋은 양분이 된 것이다삿 14:5-9.

사실 우리는 우리를 대적하는 원수 때문에 하나님께 나아가게 되는 경우가 많다. 다윗은 말했다.

"주께서 내 원수의 목전에서 내게 상을 차려 주시고 기름을 내 머리에 부으셨으니 내 잔이 넘치나이다" 시 23:5.

원수의 목전에서 하나님은 우리에게 상을 베푸신다! 그렇게 하나님은 우리를 먹이신다. 원수의 목전에서 하나님의 기름을 부어 주시고 우리에게 필요한 모든 것을 공급해 주신다. 어려움이 없으면 교회는 게을러진다. 안으로만 향하고 목적 없이 권력만 추구한다. 이것은 영적 망상으로 가는 공식이다. 그래서 어려움이 없는 교회는 결국 쇠퇴하고 만다.

어쩌면 당신은 몇 주 동안 탄식하며 하나님께 "제발 저를 여기서 건져 주세요!"라고 부르짖었을지도 모른다. 하지만 이런 기도는 사실상 "오, 하나님. 찬장에 있는 음식을 다 없애 주세요. 냉장고에 있는 음료수를 모두 가져가세요. 제 힘과 제게 임한 기름부음을 다 가져가세요!"라고 말하는 것과 같다. 만약 하나님이 당신의 이 같은 요구를 다 들어주신다면 아마 당신은 성경책만 만지작거리며 꼼짝하지 않는 사람이 될 것이다. 그러면 안 된다. 하나님은 지혜와 사랑으로 당신의 원수들을 계속 늘리심으로써 결국 당신이 하나님께 나아오도록 하실 것이다.

이제 일어설 때다

지금은 당신이 선택할 때다. 그런데 지금 당신은 어떤 모습으로 살아가는가? 정죄하는 사탄의 음성에 함몰되어 하나님을 찾지 않은 채 "우와, 하나님이 당신에게 정말 그렇게 해주셨어요? 대단하네요. 하지만 저는 예외일 거예요. 전 원수들에 비해 너무 약하거든요"라고 말하고 있는가? 아니면 성경 공부 모임에 꾸준히 참석하면서 당신의 무기를 얼굴이 비칠 정도로 반짝반짝하게 갈고 있는가? 또는 어려움이 닥친 진정한 목적을 깨닫고 자리에서 박차고 일어났는가? 하나님께 돌아가기만 하면 하나님께서 원수를 대적하시고 용기를 주실 거라고 믿게 되었는가?

이제 우리는 하나님의 약속의 말씀을 단 한 구절밖에 모를지라도 그 말씀을 붙잡고 일어나 원수를 대적해야 한다. 그리고 "너는 나를 거역하는 게 아니라 이 우주를 창조하신 하나님을 거역하고 있어. 하나님은 나를 지키시고 보호하시며 그분의 영광을 위해 나를 사용하셔서 그분의 이름을 존귀하게 하시는 분이야. 원수, 너는 이천 년 전 핏값으로 나를 사신 하나님을 거역하고 있어!"라고 외쳐야 한다.

다윗은 자기 세대에서 하나님의 백성과 맞붙은 가장 무서운 원수를 이겼다. 그 일을 이루는 데는 자갈 한 트럭이 아니라 돌멩이 하나로 충분했다. 그것은 마치 약속 하나, 자기 평생에 목격한 승리 하나만 붙들고 원수를 대적하는 것과 같다. 이것이 사람 눈에는 사소해 보이지 모르지만, 하나님의 눈에는 대단한 것이다. 수백 가지 성경 구절을 들먹일 필요도 없다. 그저 당신이 읽은 구절만 제대로 믿으면 된다. 블레셋 군대가 물매와 돌멩이를 들고 골리앗에게 달려오는 다윗을 비웃었듯이, 오늘날에도 사람의 생각과 사람의 노력으로 해보려는 사람들은 말씀이라는 무기를 들고 싸우려는 사람을 보며 미쳤다고 할 것이다. 그들은 말씀을 믿는 마음에 임하시는 하나님의 능력을 모른다.

나는 겁쟁이로 사느니 하나님의 영광을 위해 죽는 게 낫다고 늘 생각한다. 주님은 오늘날 주님의 말씀을 그대로 믿고 원수를 대적할 성도들을 얻을 자격이 충분하시다. 이 세대는 말씀을 붙잡고 이 세대 가운데서 일어날 자들이 필요하다. 비즈니스 세계에서, 엔터테인먼트 세계에서, 이웃과 각 가정에서 떨치고 일어날 자들이 필요하다. 사탄이 거리의 젊은이들을 삼키고, 부부 관계를 깨뜨리고, 가정을 파괴하는 걸 가만히 보고만 있지 않을 자들이 필요하다. 원수를 이기시는 하나님이 계시다는 반박할 수 없는 증거가 하나님의 백성들 안에 있어야 한다. 성경은 교회가 설득력 있는 간증이 되어야 한다고 분명히 말한다. 사람들은 그리스도가 살아 계시며 모든 능력이신 하나님의 오른편에 앉아 계시다는 현실을 직시해야 한다.

여호수아가 이스라엘 백성에게 두려움에 뒤로 물러서지 말라고 말했듯이, 주님은 오늘 우리에게 다시 말씀하신다.

"네 원수는 너의 먹이다. 그들의 보호자는 그들에게서 떠났다. 사자와 곰과 골리앗이 없으면 너희 먹이도 없다. 그러니 두려워하지 마라."

우리에게 원수가 없다면 우리는 하나님의 능력과 공급하심을 절대로 깨닫지 못할 것이다. 우리 원수가 우리를 먹이고, 원수 때문에 우리는 하나님 안에서 힘과 양분을 얻는다. 하나님이 허락하지 않으시면 원수는 우리를 대적하지 못한다.

오늘 당신의 원수를 대적하기로 작정하라. 두려움에 물러서지 말고, 당신이 정말로 대적하고 있는 게 무엇인지 볼 수 있는 영의 눈을 열어 달라고 하나님께 간구하라. 당신은 이 땅에서 당신 앞에 서 있는 거인만 보겠는가, 아니면 하나님의 계획하심을 보겠는가? 어려움이 올 때 오히려 기도실로, 하나님의 임재 속으로 바로 들어가라. 그러면 하나님의 능력 안에서 모든 원수를 대적할 수 있게 될 것이다.

10장
사랑이 두려움을 내쫓는다

"사랑 안에 두려움이 없고 온전한 사랑이 두려움을 내쫓나니 두려움에는 형벌이 있음이라. 두려워하는 자는 사랑 안에서 온전히 이루지 못하였느니라" 요일 4:18.

하나님은 어떻게 우리를 두려움에서 지켜 주실까? 하나님은 완전한 사랑으로 우리를 사랑하신다는 것을 충분히 이해시켜 주신다. 이 사랑은 오직 하나님께 속한 사랑이며, 하나님이 그 사랑을 함께 나누기로 선택한 자들에게만 부어 주시는 사랑이다. 예수님을 믿으면 우리는 마치 한 번도 죄짓지 않은 사람처럼 하나님께 완전히 용납되고 사랑받는다. 우리가 삶에서 최악의 시간을 겪을 때에도 하나님은 우리를 완전한 사랑으로 사랑하신다.

"우리가 사랑함은 그가 먼저 우리를 사랑하셨음이라"요일 4:19.

하나님이 먼저 우리를 사랑하셨다. 우리가 클럽에서 춤추고 있을 때, 도둑질하고 있을 때, 거짓말하고 저주하고 도박하고 있을 때, 심지어 폭력을 행사하고 있을 때에도 하나님은 완전한 사랑으로 우리를 사랑하셨다!

"옛적에 여호와께서 나에게 나타나사 내가 영원한 사랑으로 너를 사랑하기에 인자함으로 너를 이끌었다 하였노라"렘 31:3.

다시 말해서 하나님은 우리에게 잘해 주시기 위해 우리를 하나님 가까이로 이끄신다. 하나님은 우리에게 자비를 베풀기 원하신다. 우리가 하나님을 사랑해서가 아니라 하나님이 먼저 우리를 사랑하셨기 때문이다.

맨발로 달려 나오는 사랑

하나님의 사랑은 믿을 수 없이 놀라운 소망과 변화를 가져온다. 우리는 신약 성경에서 예수 그리스도의 십자가 다음으로 가장 순수하고 생생한 하나님의 사랑을 누가복음 15장에서 볼 수 있다. 이 본문에서 하나님은 모든 자녀를 향한 무조건적인 사랑을 보여 주신다.

"어떤 사람에게 두 아들이 있는데 그 둘째가 아버지에게 말하되 아버지여 재산 중에서 내게 돌아올 분깃을 내게 주소서 하는지라. 아버지가 그 살림을 각각 나눠 주었더니 그 후 며칠이 안 되어 둘째 아들이 재물을 다 모아 가지고 먼 나라에 가 거기서 허랑방탕하여 그 재산을 낭비하더니" 눅 15:11-13.

이 아들은 아버지한테서 재물을 받아 멀리 떠났다. 우리도 누구나 어느 시점에선가 이런 짓을 저지른다. 결국 이 아들은 재산을 모두 잃고 들판에서 돼지 치는 일을 하게 되었는데, 그것은 유대인 남자에게 가장 천한 일이었다. 유대인들은 돼지를 세상에서 가장 부정하고 천한 짐승으로 여겼기 때문이다. 어쨌거나 그는 돼지에게 먹이를 주고 돌보는 일을 하게 되었다. 오늘날에도 이처럼 자신의 행동을 통해 부정한 것들을 키우고 살리는 사람이 많다. 예를 들어 사람들이 음란물을 보지 않는다면 음란물 산업은 당장 망할 것이다. 하지만 지금 음란물 산업은 가장 빠르게 성장하고 있다.

어느 날 둘째 아들은 이 생활에 너무 지쳐서 집으로 돌아가기로 결심한다. 그를 집으로 이끈 것은 아버지의 사랑이었다.

아들은 정신을 차리고 생각을 가다듬었다.

"내 아버지에게는 양식이 풍족한 품꾼이 얼마나 많은가. 나는 여기서 주려 죽는구나" 눅 15:17.

우리가 키우지 말아야 할 것을 키우고 있을 때에도 하나님의 사랑의 메시지는 계속 우리에게 전달된다. 그것은 이제 그만 집으로 돌아오라는 것이다.

아들이 집에 돌아오자 아버지는 그 아들을 꾸짖지 않고, 오히려 맨발로 뛰어나와 껴안아 주었다. 하늘 아버지도 이처럼 우리가 집으로 돌아오기만을 기다리신다. 하나님은 우리를 사랑하셔서 예수님을 이 땅에 보내 주셨다. 이 뜨거운 사랑이 우리를 덮어 주고 우리에게 힘을 준다. 그리고 하나님은 지금도 우리에게 이 땅에서 하나님의 구속의 여정에 함께하자는 초청장을 보내신다.

나는 매일매일 하나님의 사랑에 푹 잠긴다. 하나님은 영원하며 가장 순수하고 거룩하고 지혜로운 분이시다. 그런데 그런 하나님이 우리와 동반자가 되기로 작정하셨다! 우리가 이 사랑을 어떻게 이해할 수 있을까? 그건 마치 동네에서 가장 머리 나쁘고 가난한 사람에게 이렇게 말하는 것과 같다.

"오늘부터 당신과 저는 동반자예요! 우리는 함께 살아갈 겁니다. 당신이 나를 필요로 할 때는 언제든 당신 옆에 있을게요. 당신에게 필요한 건 내가 다 공급해 줄 거예요. 당신은 어디서든 나를 자랑해도 돼요. 난 절대로 당신을 모른 척하지 않을 거예요. 누가 우리 사이를 물어보면 난 당신을 형제라고 대답할 거예요."

하지만 이것도 예수님께서 우리를 위해 치르신 희생과 비교할 수 없다. 십자가는 하나님이 보여 주신 가장 순수한 사랑의 표현이었다. 하나님은 아무도 멸망당하는 걸 원치 않으셨다. 하나님은 우리를 잃고 싶지 않으셨다.

우리가 어떤 삶을 살았는지, 어디 출신인지, 교육 수준이 어느 정도인지, 또는 무슨 일을 하고 있는지 등은 하나님에게 전혀 중요하지 않다. 다만 우리에게는 지금 하나님이 우리를 사랑하신다는 확신이 있어야 한다. 하나님은 우리를 다시 돌려받기 위해 십자가를 지셨다. 그 사랑 때문에 우리는 두려움을 벗어 버리고 미래에 대해 큰 안전감을 느낄 수 있다.

"내 양은 내 음성을 들으며 나는 그들을 알며 그들은 나를 따르느니라. 내가 그들에게 영생을 주노니 영원히 멸망하지 아니할 것이요 또 그들을 내 손에서 빼앗을 자가 없느니라. 그들을 주신 내 아버지는 만물보다 크시매 아무도 아버지 손에서 빼앗을 수 없느니라. 나와 아버지는 하나이니라"요 10:27-30.

하나님은 나와 당신을 집으로 안전하게 데려오는 일에 온 힘을 다 쏟으신다. 우리가 그리스도께 나아오면 하나님은 우리를 그 품 안에 확실히 품으신다.

물론 이는 순전한 성도, 예수 그리스도를 믿는 성도에만 해당하는 말씀이다. 그러나 여전히 믿음 없이 갈등할지라도 괜찮다. 당신은 그리스도가 구원자이심을 믿는가? 하나님과 정말 동행하기를 원하는가? 이 질문에 솔직하게 "예"라고 대답한다면, 예수님은 이렇게 말씀하실 것이다.

"나는 너를 지키며 내 아버지 손에 너를 맡길 것이다. 우리는 모든 여정을 함께할 것이고, 나는 너를 전능하신 하나님의 보좌 앞으로 인도할 것이다. 너는 이 모든 인도하심이 하나님의 사랑이었음을 깨닫게 될 것이다."

하나님의 보좌 앞에 설 때 우리는 어떤 노래를 부르게 될까? 그분의 거룩하심 앞에 어떻게 반응하게 될까? 우리를 위한 십자가를 온전히 이해하게 될 때 우리는 어떤 고백을 하게 될까? "예수님, 저를 사랑해 주셔서 감사합니다!"라는 말밖에 할 말이 없을 것이다.

"하나님, 감사합니다! 저는 제 힘으로 거룩해지려고 노력했지만, 당신이 보시기에 저는 더러운 넝마에 불과했습니다. 오직 당신의 사랑이 저를 구속하셨고, 이끄셨고, 제게 필요한 힘을 주셨습니다!"

징계하는 사랑

우리가 하나님의 순수하고 온전한 사랑을 깨달으면, 두려움의 또 한 요소가 사라지게 된다. 책망을 두려워하는 마음이 사라지는 것이다. 하나님이 우리를 고쳐 주시려 하는 부분들에 대해서 마음을 열고 받아들이게 되는 것이다.

> "주께서 그 사랑하시는 자를 징계하시고 그가 받아들이시는 아들마다 채찍질하심이라" 히 12:6.

우리가 사랑받고 있음을 알면 우리는 더 이상 주님의 말씀을 두려워하지 않게 된다. 주님이 "네가 지금처럼 행동하면 너의 미래나 다른 사람의 미래에 해가 된다"고 말씀하시더라도 두려워하지 않는다. 솔직히 말해서 나는 말씀을 모르거나 주님께서 내 마음을 감찰하시지 않는 게 더 두렵다.

엠마오로 가던 두 제자는 이미 모든 말씀을 알고 있었음에도 불구하고 예수님의 죽음 이후 절망과 두려움에 싸여 있었다눅 24장. 그들은 낙심 가운데 "주님, 단 한 마디라도 좋으니 제발 제게 말씀해 주세요"라고 절박하게 바랐다.

이와 같은 절박함으로 이 책을 집은 독자도 있을 것이다. "오, 하나님, 저는 말씀이 필요해요. 제게 말씀해 주세요. 저는 미래가 두려워요. 몹시 낙심되고 소망이 없어요. 별로 살고 싶은 생각조차 없어요. 제발 저에게 말씀해 주세요!"

예수님이 오늘 당신에게 주실 말씀이 그 두 제자에게 주셨던 말씀과 똑같다면 어떡하겠는가?

"미련하고 선지자들이 말한 모든 것을 마음에 더디 믿는 자들이여"눅 24:25.

다시 말해서 "이 미련한 자여. 내가 너를 사랑하기 때문에 죽었다는 걸 더디 믿는 자여. 내가 너의 모든 갈등과 시험을 해결해 줄 수 있음을 더디 믿는 자여. 내 사랑 안에서 네가 안전하다는 걸 더디 믿는 자여!"라고 말씀하신다면 말이다.

우리를 지켜 주는 사랑

마지막 때는 과거 어느 때보다도 하나님의 사랑을 더욱 깊이 깨닫게 될 것이다. 하나님의 사랑이 우리를 지켜 줄 능력이 됨을 마음속에 진리로 깊이 품게 될 것이다. 사탄은 우리를 두렵게 하거나 정죄할 권리가 없다.

"내가 믿는 자를 내가 알고 또한 내가 의탁한 것을 그날까지 그가 능히 지키실 줄을 확신함이라" 딤후 1:12.

사도 바울은 "나는 주님께 내 마음과 내 생명과 내 미래, 즉 내가 가진 모든 걸 드렸다. 주님은 이 생에서 나를 지켜 주실 것이며 장차 나를 천국으로 데려가 주님과 함께 살게 해주실 것이다"라고 말한 것이다. 그는 모든 걸 이해하지는 못했지만, 자신이 믿는 하나님은 잘 알고 있었다. 그는 사랑의 하나님과 대면했다.

어쩌면 당신은 "주님, 저는 당신의 충만한 사랑을 받기가 어렵습니다"라고 말하면서 오히려 하나님에게 잘못을 지적당하는 걸 편안해할지도 모른다. 그 이유는 자기 자신이 사랑받을 만한 존재가 아니라고 생각하기 때문이다. 어쩌면 누군가가 당신에게 "넌 사랑받을 자격 없어"라고 말했을 수도 있다. 평생 부모님에게 "네가 자랑스러워. 널 사랑하고 믿는다"라는 말을 단 한 번도 들어 본 적 없을지도 모른다. 그렇다면 당신은 반드시 들어야 할 목소리를 아직 못 들은 것이다. 이런 많은 이유로 사람들은 하나님의 사랑을 받아들이기 힘들어한다. 자신이 무가치하다고 믿기 때문이다. 그러나 다음의 말씀을 묵상해 보라.

"내 누이, 내 신부야 네가 내 마음을 빼앗았구나. 네 눈으로 한 번 보는 것으로 내 마음을 빼앗았구나" 아 4:9.

우리가 그저 주님만 바라볼 때 우리에게는 이런 일이 생긴다! 예수님께 완전히 돌아선 것도 아니고 그저 살짝 그분을 한 번 보았을 뿐인데도 주님은 이렇게 말씀하신다.

"네가 나를 쳐다보는 순간 나는 네게 마음을 빼앗겼단다. 내가 너를 보는 눈은 네가 보는 것과는 다르단다. 나는 너를 깨끗이 씻겨 주었고, 네 이름을 불러 주었고, 네게 힘을 주었고, 내 약속을 네게 주었지. 너와 나는 영원히 동행할 거야. 아주 멋진 여정이 되겠지."

성경은 완벽한 회개가 두려움을 내쫓는다고 말하지 않는다. 물론 회개는 선하고 꼭 필요한 것이므로 회개케 하시는 하나님께 감사드려야 한다. 그러나 성경은 오직 "온전한 사랑이 두려움을 내쫓는다"고 말한다.

두려움을 내쫓는 사랑

그렇다. 우리는 앞으로 더욱 하나님의 사랑을 잘 이해하게 될 것이다. 하지만 그 사랑이 어떻게 드러날까? 바로 우리가 서로 사랑함으로써 드러난다.

"어느 때나 하나님을 본 사람이 없으되 만일 우리가 서로 사랑하면 하나님이 우리 안에 거하시고 그의 사랑이 우리 안에 온전히 이루어지느니라" 요일 1:12.

일단 하나님의 사랑에 마음을 연 이상 남들에게도 마음을 열어야 한다는 걸 우리는 본능적으로 알게 된다. 하나님은 사람에 대한 사랑을 우리 마음에 심으신다.

이것은 그저 서로 참아 주는 수준, 주일 하루 만나서 활짝 웃어 주는 수준이 아니라 하나님의 능력으로 서로를 치열하게 사랑하는 것을 말한다. 하나님이 그 사람을 보시고 보살펴 주시듯 우리도 서로를 보살피는 것을 말한다. 그러려면 서로의 벽이 무너져야 하고 자기의 한계를 넘어서 다른 사람, 다른 인종, 다른 문화, 다른 계급을 포용해야 한다. 우리의 안전지대를 벗어나서 하나님이 이끄시는 대로 자신을 확장시켜, 하나님이 우리를 부르신 모습에 걸맞는 존재가 되어야 한다.

두려움을 내쫓는 사랑은 이렇게 완전하고 성숙한 사랑이다. 이때 당신은 더 이상 주변의 위협이나 사람들의 얼굴을 두려워하지 않는 자신을 발견하게 될 것이다. 더 이상 내일을 염려하지도 않을 것이다. 상처받을까 봐, 이 경주를 못 끝낼까 봐 두려워하지도 않을 것이다. 강도 만난 사람을 돕는 걸 두려워하지도 않을 것이다눅 10:30-34. 모든 두려움은 사라지고 그 자리에 하나님의 사랑이 가득 부어질 것이다!

주님은 나에게 이 진리를 체험시켜 주셨다. 나는 종신형을 선고받은 죄수 40명이 수감되어 있는 중범죄 교도소를 방문한 적이 있다. 죄수 중 상당수가 경찰을 죽인 전력이 있었으므로 내가 전직 경찰이었다고 소개할 때 위협이 느껴졌다. 그들은 이미 종신형을 선고받았기 때문에 나를 또 죽인다 할지라도 달라질 게 없었다. 하지만 나는 두렵지 않았다. 나는 그들에게 편하게 말했다.

"여러분, 제가 할 일이 없어서 여기 와 있는 게 아닙니다. 제가 여기 온 이유는 하나님이 제게 긍휼한 마음을 주셨기 때문입니다. 여러분은 저와 마찬가지로 하나님의 용서가 필요한 존재입니다."

그다음에 일어난 일을 완전하게 설명할 수는 없지만 우리 가운데 성령님께서 임하셨다. 그리고 얼마 지나지 않아 죄수들이 줄줄이 앞으로 나와서 그리스도를 구세주로 영접했다. 증오심으로 똘똘 뭉쳐서 살던 남자들이 울음을 터트렸다.

나는 전쟁으로 폐허가 된 세계 여러 지역에도 방문했다. 한 번은 코소보에서 수백 명의 무슬림 남자들에게 설교를 했는데, 그들을 향한 사랑으로 나는 전혀 두렵지가 않았다. 그들의 종교적 신념대로라면 나를 죽여야 했지만, 우리 교회가 그들을 위해 다리를 놓아 주었기 때문에 문화적으로는 우리를 잘 접대해야 할 상황이었다. 그날 나는 그들에게 하나님의 사랑에 대해 전했고, 많은 이가 그 자리에서 울기 시작했다. 전쟁을 치러낸 강한 남성들이 그들을 어루만지시는 하나님의 사랑에 하염없이 눈물만 흘렸다.

나는 또 아프리카의 전쟁 지역이었던 나이지리아에 간 적도 있다. 당시 나이지리아는 두 민족 간에 전쟁이 한창인지라 야간 통행금지가 실시되고 있었다. 그러나 우리 전도 팀이 도착한 첫날 밤에 그곳에는 약 50만 명 정도가 모였다. 이런 선교 여행은 자살 행위라는 경고도 이미 많이 들은 상태였다. 사람들은 폭동이 일어날까 봐 두려워했다. 이슬람 교도들이 우리를 그리스도인들의 결집의 핵심으로 보고 죽일까 봐 두려워한 것이다. 하지만 나는 전혀 두렵지 않았다.

내 자랑이나 하자고 하는 말이 아니다. 완전한 사랑이 정말로 두려움을 내쫓는다는 걸 증명하고 싶을 뿐이다. 나에게는 이들이 하나님의 형상을 따라 지음받았다는 것 외에는 어떤 것도 중요하지 않았다. 그들은 하나님이 창조주이시며 그들의 죄를 위해 예수 그리스도가 십자가에 달려 돌아가셨음을 알아야 했다.

"이로써 사랑이 우리에게 온전히 이루어진 것은 우리로 심판 날에 담대함을 가지게 하려 함이니 주께서 그러하심과 같이 우리도 이 세상에서 그러하니라"요일 4:17.

주께서 그러하심과 같이 우리도 그러하니라! 하나님은 사랑이시니, 우리를 통해 하나님의 사랑이 흘러가도록 우리를 여시는 것이다. 하나님이 하시는 일을 우리도 할 수 있다!

사랑에 집중하라

우리는 하나님이 우리를 세우신 그 자리에서부터 사랑하게 될 것이다. 그 사랑은 하나님의 집인 당신의 마음과 내 마음에서 시작되어야 한다. 우리는 논쟁으로 사람들의 마음을 얻지 않고, 우리 안에 있는 하나님의 사랑으로 얻을 것이다. 사랑받고 싶은 마음은 지구상의 모든 인류가 바라는 가장 깊은 갈망이다. 그리스도의 사랑이 우리의 마음을 통해 표현될 때 우리는 생각지도 못했던 추수를 하게 될 것이다.

이제 하나님의 사랑에 마음을 열고, 하나님이 당신을 얼마나 사랑하시는지를 보여 달라고 간구하라. 성경을 읽으면서 스스로 정죄하지 말고, 당신을 향한 하나님의 사랑을 보라. 그리고 그 사랑이 당신을 통해 흘러가게 하라. 그것은 당신이 일부러 꾸며낼 수 없는 초자연적인 사역이다. 그것은 하나님이 하셔야 할 일이며, 그러려면 하나님이 사망의 음침한 골짜기로 이끄시는 사람들도 있게 마련이다. 우리는 누구나 사랑을 주고받는 것에 저항하는 마음을 갖고 있기 때문이다.

당신이 하나님의 사랑을 얼마나 많이 받고 있는지 진정으로 이해하고 그 사랑을 남들에게 드러낼 때, 내일에 대한 모든 염려가 사라진다. 당신의 신학적 관심을 이제 다른 사람들에게로 돌려라. 그러면 당신은 은혜 안에서 빠르게 성장하는 자신을 보며 놀랄 것이다. 하나님의 큰 능력이 당신의 삶 속에서 당신을 변화시키는 모습에 놀랄 것이다.

나는 하나님과의 동행을 시작하면서부터 성경을 무척 사랑했다. 오랫동안 성경말씀을 연구하고 깊이 있는 컨퍼런스에도 열심히 참석했다. 하지만 내 삶을 변화시킨 것은 오직 하나님의 사랑이었다.

바로 그 사랑! 사랑에는 두려움이 없고, 온전한 사랑은 두려움을 내쫓는다. 평생 이 사랑의 하나님과 동행하기로 작정하라. 그때 두려움 없는 진정한 자유를 누릴 것이다!

두려움 없이 살아가기

초판발행 • 2013년 5월 30일
1판 2쇄 • 2013년 9월 25일
2판 1쇄 • 2019년 8월 30일

지은이 • 카터 콜론
옮긴이 • 김성녀
발행인 • 임용수
대표 • 조애신
책임편집 • 이소연
편집 • 이소정
디자인 • 임은미
마케팅 • 전필영
온라인마케팅 • 고태석
경영지원 • 김정희, 전두표

발행처 • 도서출판 토기장이
주소 • 서울시 마포구 망원로 26 토기장이 B/D 3F
출판등록 • 1990년 10월 11일 제2-18호
대표전화 • (02) 3143-0400
팩스 • (02) 3143-0646
E-mail • tletter@hanmail.net
www.facebook.com/togijangibook

ISBN 978-89-7782-421-8

값 9,000원

"우리는 진흙이요 주는 토기장이시니
우리는 다 주의 손으로 지으신 것이라"
(이사야 64:8)

이 도서의 국립중앙도서관 출판예정도서목록(CIP)은
서지정보유통지원시스템 홈페이지(http://seoji.nl.go.kr)와 국가자료종합목록 구축시스템
(http://kolis-net.nl.go.kr)에서 이용하실 수 있습니다. (CIP제어번호 : CIP2019032625)